# 給爸爸媽媽的
# 兒童性教育
## 指導書

明白小學堂　著繪

●● 性知識　　✂ 隱私教育　　⚲ 性價值觀

# 推薦序

# 兒童性教育從這本書開始

育兒專家　張思萊

　　從 2013 年開始，兒童性侵犯案件在全世界爆發，隨着大量事件的曝光，社會開始意識到性教育的緊迫性和重要性，對性教育的態度也有了轉變。

　　這種轉變，是令人欣慰的。

　　但在和諸多家長的日常接觸中我發現，仍有很多家長未教孩子性知識，大多是因為不知道該怎麼教，因為他們也缺乏性知識；還有家長認為孩子還小，沒必要，或覺得不好意思開口；更有一些家長認為，「性」這件事仍是上不了枱面的，談「性」是一件羞恥的事情。

　　任何教育，父母都是孩子的第一任老師，性教育自然也不例外。尤其在 0~6 歲階段，孩子的性教育尤其依賴於家庭教育。如果家長對「性」都遮遮掩掩，孩子又怎能得到健康性教育的機會？

　　因此，性教育的關鍵不在孩子，而在於父母呀！

　　當看到「明白小學堂」著繪的這本書時，我特別高興。現在有關性教育的書很少，而專門給父母的專業性教育指導書籍更是少之又少。

　　這本專門為爸爸媽媽而寫的性教育書，會幫助家長通過以下幾個部分的學習，來全面瞭解性教育的相關知識，即：

- 全面認識兒童性教育，並給予溝通方式上的指導，掌握正確方法；
- 學習瞭解包括兒童性心理和生理發展的全部理論內容；
- 從整體認識兒童性發展；
- 0~6 歲兒童性發展過程中的具體問題；
- 預防兒童性侵犯的相關內容：「爸爸媽媽應該知道的事」、「爸爸媽媽應該做到的事」、「爸爸媽媽應該教給孩子的事」。

除此之外，還結合了父母最關心的性教育問題，並提供了針對性的案例分析及應對措施，讓父母學會以適當的方式和正確的態度為孩子解答各種有關「性」的疑問，如：

- 對孩子何時說「性」，該如何說，說多少才合適？
- 如何避免與孩子談「性」時陷入尷尬？
- 如何選擇和使用性教育繪本？

......

這是實實在在地幫父母解決問題，讓父母將性知識自然、準確地傳遞給孩子，幫助孩子們像認識其他器官一樣認識陰莖、陰囊、陰道、子宮等生殖器官，並懂得要保護好這些器官，也使父母獲得了其他性教育知識：性別教育、價值觀教育、生理教育、心理教育、自我保護教育和生命教育等。

但這並不是一本枯燥的專業科普書籍。這本書提煉了世界上主流的兒童性教育理念，將性教育的理論背景進行簡潔的闡述，不再機械性地傳遞「完全正確」的性知識，內容妙趣橫生又讓人印象深刻！

慢慢家長會發現，和孩子們討論「性」也是一件有趣的事情：

- 突破了自己的羞恥感後，跟孩子大方談「性」反而收效很好；
- 進行性教育時不用隱晦的詞語，也可以很好地和孩子交流；
- 一味地禁止和孩子談「性」並不能解決問題，反而是一種誘惑；
- 性教育一定要分年齡段的，孩子一天天長大，對於「性」的探索，也一天天地增多，需要瞭解他們行為後面的好奇和渴望，才能更好地幫助他們完成性的啟蒙課。

  ……

希望這本書能幫助各位家長開啟兒童性教育之門！

前　言

# 兒童性教育的鑰匙
# 在爸爸媽媽手中

隨着兒童心理學的發展，年輕一代的爸爸媽媽愈來愈關注孩子的成長。面對日益增多的兒童性侵犯事件的報道，兒童性教育已經逐漸成為一個備受關注的問題。

一些爸爸媽媽因為經歷過學生時代的「生理衛生課」，對那種遮遮掩掩的教學方式並不滿意——非但沒有講清楚青春期的困惑，有時還給性心理帶來了不少負面影響。因此，他們愈來愈希望在面對自己孩子的成長時，可以科學地、正面地去回答孩子的問題。

也有一些爸爸媽媽在面對這些令人「難以啟齒」的問題時，心存疑慮：「我自己都不太明白，要怎麼和孩子講呢？」、「即使我們知道，又應該講到甚麼程度才適合呢？」、「過度講解是不是會產生負作用呢？」大家對兒童性教育有一種無法掌控的焦慮感。

當然還有一些爸爸媽媽，希望把兒童性教育的責任完全交托給學校和老師，他們希望能有一本書，在孩子出現問題與疑惑時，可以直接擺到孩子面前，幫助孩子「自學成才」。

現在，大部分父母已不再談「性」色變，把性與低俗、下流畫等號的人更是少之又少。然而，在很多人的觀念中仍然存在一些明顯謬誤。這些謬誤阻礙着家庭性教育的開展，尤其是在學齡前的性教育啟蒙階段。

這本書名為《給爸爸媽媽的兒童性教育指導書》，正是希望可以從謬誤的源頭解決一些關鍵問題，而這些問題中最常被大家忽略的一點就是：

> **性教育，尤其是性教育的啟蒙，**
>
> **爸爸媽媽才是孩子的第一位老師。**

與身體其他方面的發育成長一樣，兒童性心理與性生理的發展從受精卵時就已經開始。同時，學齡前階段的兒童心理發展也是一個人成長過程中變化最快、最為重要的階段。因此在孩子進入幼兒園、小學之前，能夠給予他們性教育啟蒙的，其實只有爸爸媽媽。

兒童心理學是一門發展的科學，兒童性教育也是一門隨着時代變化不斷發展的課題。人們對於性的研究及態度，共同決定了不同時代人們對性教育的態度與觀點。曾經主流的觀點可能隨着新的科學發現而被否定，人類社會中一些觀念態度的改變也會讓我們重新審視性教育的問題。

在如今這個時代，性教育不再只是照本宣科地回答孩子幾個關於身體的問題。爸爸媽媽要瞭解更多性教育的內容，如：

### ● 性教育到底包括哪些內容

性教育就是認識性器官的教育嗎？

預防性侵犯教育就是性教育嗎？

青春期性教育才是重要的性教育嗎？

### ● 如何選擇適合自家的方式進行性教育

性教育就是讓孩子自己看書嗎？

性教育是給孩子讀繪本嗎？

性教育只是媽媽的事情嗎？

### ● 如何去看待孩子在成長過程中的變化

性教育可以幫助你瞭解孩子的成長過程。

不是所有孩子的「問題」都需要解決。

有時候父母只需做到的是陪伴與耐心等待。

### ● 如何有效預防兒童性侵犯

預防兒童性侵犯到底是給誰的教育？

如何讓孩子對性侵犯者說「不」？

　　爸爸媽媽還需要懂得，性教育就像所有家庭教育一樣，沒有一個標準答案，性教育也不只是有關個人身心健康的知識性教育。只要懂得愈多，就愈能找到一套適合自己家庭的性教育解決方案，而不再被各種理論所局限，不知所措。

　　儘管如此，我們仍然認為性教育其實是一件非常簡單的事情。只要用心閱讀此書就會發現，爸爸媽媽並不需要掌握太多高深的內容，僅僅記住一些基本原理以及實施原則，就可以在家中順利進行性教育。

本書綜合提煉了世界上主流的兒童性教育理念，努力將性教育的理論背景進行簡潔的闡述，不再機械性地傳遞「完全正確」的性知識（因為任何理論都有局限性）。

　　更重要的是，考慮到香港社會文化的特點，以及香港爸爸媽媽更加關心的問題，本書將嘗試在先進的性教育理念下，探討符合香港的性教育指導原則。

　　最後，衷心希望這本書可以成為爸爸媽媽開啟兒童性教育之門的一把重要鑰匙。

# 目錄

## 1 爸爸媽媽是最重要的性教育老師

關於兒童性教育，爸爸媽媽要打破原有的觀念，
科學而全面地去深入瞭解。

## 2 性教育的溝通指南

放下心中的障礙，學會溝通，可以幫助你更好地
瞭解自己的孩子。

# 3 「性」從受精卵開始

兒童性發展的規律與兒童心理及生理發展規律一樣，在不同時期有不同特點。

# 4 從出生開始的性教育（0~3 歲）

「性」伴隨人的一生，兒童性教育從出生後就已經開始。在人生最初的三年裏，孩子已經可以學到很多。

## 5 好奇心寶寶的性問題（3~6 歲）

充滿了無限的好奇心是這個階段孩子的最大特點，這裏有他們最關心的那些問題。

## 6 勇敢說「不」，遠離兒童性侵犯

避免兒童性侵犯發生的第一道保護盾來自爸爸媽媽對兒童性侵犯的瞭解。

# 7 學會解決自家孩子的問題

用具體案例和電影幫助理解兒童性教育。

# 本　　　書　　　使

| 1. 爸爸媽媽是最重要的性教育老師<br>2. 性教育的溝通指南 | 3.「性」從受精卵開始<br>4. 從出生開始的性教育（0~3 歲）<br>5. 好奇心寶寶的性問題（3~6 歲） |

本書一共包括 7 章，可分為 4 大部分。

□ 白色部分包括第 1 章和第 2 章。幫助爸爸媽媽全面認識兒童性教育，並給予溝通方式上的指導，掌握正確方法，為下面的學習做好準備。

■ 紅色部分是本書的主體內容，包括兒童性心理和生理發展的全部理論內容。第 3 章為理論總述，幫助爸爸媽媽整體認識兒童性發展。第 4 章和第 5 章分別詳細分析 0~3 歲及 3~6 歲兒童性發展過程中的具體問題。

■ 藍色部分為第 6 章，分三個方面介紹預防兒童性侵犯的相關內容，即「爸爸媽媽應該知道的事」、「爸爸媽媽應該做到的事」、「爸爸媽媽應該教給孩子的事」。

■ 灰色部分為第 7 章。這一章歸納出解決一般性教育問題的簡單實用的方法。並通過案例分析幫助爸爸媽媽理解和運用這種方法，真正做到解決自家孩子的問題。

# 用　　　　　指　　　　　南

| 6. 勇敢説「不」，遠離兒童性侵犯 | 7. 學會解決自家孩子的問題 |
|---|---|

　　本書專門為幫助爸爸媽媽全面瞭解兒童性教育而撰寫。在具體運用本書內容進行家庭性教育時，可以配合使用相關繪本圖書。我們在書中用符號　　　　進行標識，父母可以根據相應指導選擇適合的輔助圖書。希望爸爸媽媽可以耐心、按順序閱讀書中理論內容。書中儘量用圖形或思維導圖方式展開，尤其是理論部分，目的是幫助爸爸媽媽更好理解，融會貫通。

　　在目錄中，我們也將父母在性教育中最感興趣的問題集中在一起，可以直接翻閱至相關頁面找到答案。跳躍閱讀看似可以幫助讀者解決個別問題，但我們仍然希望爸爸媽媽可以完整閱讀本書，更加系統地瞭解兒童性教育。

　　本書在最後附上詳細的參考書目與資料，以及一些圖書推薦，希望可以幫助爸爸媽媽進行本書之外的延伸閱讀與學習。

先來做個小測試吧！

對於性教育
你是否有過這樣的想法？

## ■ 純潔派

☐ 兒童心理不成熟，一旦進行性教育將產生副作用。

☐ 小時候儘量隱瞞，反正長大後自己就會了。

☐ 如果不去談論，孩子就會永遠不知道，永遠「純潔」。

### ■ 中立派

□ 被孩子突然問到，用含糊的內容回答孩子的問題，哪怕自己也不知道對錯。

□ 孩子不問就不教，到了年齡自然就會懂了，學校裏也會教的。

□ 我不會講也不好意思講，買書給孩子讓他自學。

### ■ 激進派

☐ 性教育的啟蒙很重要,孩子懂得愈早愈多就愈好。

☐ 西方在性教育方面進步很多, 所以我要完全照搬西方相關書籍來教孩子。

☐ 書裏講的都是對的,要完全按照書中步驟來進行,哪怕和自己的習慣很不相符。

你可能不完全屬上面任何一派，但或多或少有過其中一兩種關於兒童性教育的看法。在這些看法中，有些是由於父母本身性教育的缺失，有些則是由於父母過度焦慮，但終究是因為對性教育知之甚少。

**對於純潔派**

> 「毫無知識根據的天真爛漫不但是一種過於脆弱的東西，不值得保留，並且是一種極危險的東西，尤其是對女子，其危險所在，就正因為它沒有知識的依據。」
>
> ——靄理士《性心理學》P532

**對於中立派**

> 「無論你把那神仙故事講得怎樣天花亂墜，你的小孩子不久便會因一己的聰明或別人的告語，而發現你撒了一個大謊；他問的原是關於他的經驗裏一點簡單的事實，你答的卻是一派神話，不就等於撒謊麼？」
>
> ——靄理士《性心理學》P544

**對於激進派**

> 適時適度是性教育最重要的原則，與社會文化宗教背景相融合更是性教育的特點。性教育不僅是個人的教育，也是社會性的教育。

無論現在持有哪一種想法，我們都希望爸爸媽媽知道：

**兒童性教育並不難，**
**只要你不去忽視或輕視它。**

# 1

## 爸爸媽媽是最重要的
## 性教育老師

## ●● 家庭性教育中父母的形象

　　**知識貧乏**，對孩子關於性的問題不聞不問。被孩子問到時不知道如何解答，常常搪塞過去。過後也不會為孩子的問題尋找答案。

　　孩子常常「自學成才」。如果孩子在成長過程中沒有遇到挫折，則看不到這類不作為型父母的明顯影響。但是一旦發生問題，往往為時已晚，父母也無法給予幫助。

**對性知識一知半解**，過於焦慮或緊張。

關於性侵犯事件報道很多，但對於個案的過分擔憂會影響到一些父母對周圍社會環境的判斷，對一些性知識、性觀念缺乏系統的認知，不會從兒童發展的角度看待性生理和心理的變化。父母的片面理解、機械化操作，都可能造成不適當的性教育。

**知識較為豐富**，虛心而不武斷。

知道自己對於孩子的問題瞭解有限，所以不會逃避問題或者過多干涉。與孩子彼此信任，如有問題發生，孩子才願意與爸爸媽媽主動交流。

在現代家庭中，第一種類型的父母已經愈來愈少。隨着社會進步，人們對性教育的認知逐漸加深，新時代的爸爸媽媽也愈來愈瞭解性教育的重要性。

但是，很多性教育理論的觀點相互衝突，有些表述也過於武斷。這些情況都給第二種類型的父母帶來強烈的焦慮感。

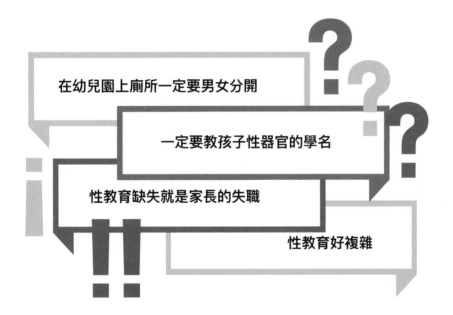

在幼兒園上廁所一定要男女分開

一定要教孩子性器官的學名

性教育缺失就是家長的失職

性教育好複雜

性教育很重要，但是性教育並不複雜。如果父母能夠抽出一點時間，多瞭解一些關於兒童性教育的知識，而不是只把性教育當作孩子會自己學習的內容，那麼就會有愈來愈多的父母成為第三種類型的家長，兒童性教育會成為增進父母與孩子之間連接的重要紐帶。

# ✖ 打破性教育中的常見謬誤

人們關於性教育的謬誤很多來自從小接受的性教育，以及一些傳統但錯誤的性觀念。**打破這些謬誤，重新認識性教育，才能做好性教育。**

## 抵觸或迴避型謬誤

### ✖ 性教育會讓孩子提早接觸性

研究顯示，適當的性教育可以幫助兒童延遲初次性行為的時間，也可以降低性行為的危險。如果同時強調性價值觀教育，則可對兒童成人以後的性生活給予有益影響。

報告

延遲發生

我自己查查。

### ✖ 不知道如何回答就迴避或者提供錯誤答案

迴避的態度很可能會激發出孩子更多的「性」好奇心。孩子會通過其他渠道獲得信息，包括很多不正確的信息。

# 開始時間型謬誤

### ✖ 等孩子做好準備再說

孩子每一天都在成長,性心理和性生理的發展也不例外。孩子需要來自父母的指導。需要做準備的並不是孩子,而是爸爸媽媽——要儘早瞭解性教育知識。

給青春期孩子的私房書

你自己看書吧!

### ✖ 入學以後由學校進行性教育

6歲前是兒童心理發展的重要階段,會形成基本的性觀念。這個階段爸爸媽媽才是孩子性教育的老師。即使入學之後,在健康的家庭關係中,孩子也更願意和父母交流關於性的話題。

### ✖ 進入青春期才需要性教育

青春期才考慮性教育的父母,一般從來沒有和孩子談論過「性」。孩子進入青春期以後,這些父母更不知道如何解決孩子的疑問,大部分會選擇讓孩子自己看書學習。

不懂性教育的父母如何選對書是一個問題,更可惜的是,父母也失去了瞭解孩子的好機會。

怎麼辦呀?

一切交給學校解決。

# 理論缺乏型謬誤

## ✕ 混淆成人的性與兒童的性

兒童的性活動與成人的性行為有很大區別。兒童期的健康性活動是正常而且必要的。如同嬰兒需要練習抬頭、翻身、坐立一樣，兒童期性發展是一個連續的、不斷探索練習的過程。

有的父母認為孩子摸生殖器或者自慰與成人的性行為是一樣的，看到後非常恐慌，甚至會馬上制止和批評，這對兒童性心理會造成傷害。這種傷害有時會在成人以後或者遇到特殊問題時顯現出來。

兒童期就像是成人的花蕾期，沒有兒童期健康的性活動，就不會有成人期成熟健康的性觀念，甚至性行為。

### ✖ 混淆性教育與預防性侵犯教育

性教育愈來愈受重視，與此同時，媒體曝光的性侵犯事件也愈來愈多。伴隨這些報道的往往是關於性教育必要性的內容，但是這些內容主要集中在預防性侵犯上。這讓很多父母誤以為防止兒童遭受性侵犯就是性教育的全部。然而，預防性侵犯只是兒童性教育的一個方面。

### ✖ 混淆兒童性教育與閱讀兒童性教育繪本

兒童性教育繪本是在進行兒童性教育時的一種教育輔助素材。不過，閱讀兒童性教育繪本不是唯一的性教育方式。

父母在購買兒童性教育繪本之前，至少需要知道怎樣的繪本適合自己的孩子，以及如何與孩子一起閱讀。尤其要注意的是，市面上已有的兒童性教育繪本，由於作者來自不同的國家，具有不同的性價值觀、教育觀，所以這些繪本不一定適合所有的孩子。

**兒童性教育是孩子與父母需要共同接受的教育。它不只是孩子單方面接受的知識型教育，也是父母對兒童性知識進行學習，不去干擾兒童性發展的自我教育。**

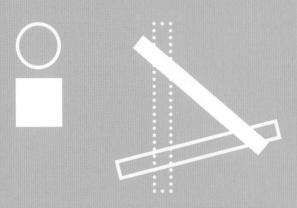

兒童時期，孩子的認知結構比較簡單，比較容易
進行性教育，形成基本認識。

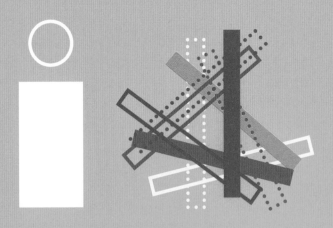

成人以後，認知結構變得複雜，抽絲剝繭找到問
題根源則要費力很多。

### 性教育愈早進行愈好嗎？

人們對世界的認知是從小一點點建立起來的。最初的概念雖然很基礎，但卻是最根本的。這些概念與觀念決定了長大以後人們對世界的認知。

應首先確定性教育中最基本的概念與觀念，比如性別的自我認知、隱私概念與邊界，以及對性的態度與觀念。若錯過最佳時期，較晚開始，則只能在一個人相對複雜的認知中去嘗試建立新的觀念或者改變原有看法。

「儘早進行」並不代表灌輸性知識，而是通過成人日常的行為給孩子進行觀念的傳遞。我們將在之後章節中具體講解。

### 如果錯過最佳性教育開始時間怎麼辦？

即使錯過最佳開始時間，也不要因此放棄開始。當我們意識到性教育的重要性與必要性時，就要開始觀察自己的孩子，並有意識地去關注孩子的性發展程度。

錯過並不意味着孩子已經完全缺失性教育，他們可能通過其他途徑對性知識有所瞭解（當然，這些瞭解也很有可能是不準確的）。所以父母要有意識地和孩子聊一聊。

在這本書中，我們會告訴父母一些開始的時機與技巧。但也有個別情況（如憋便），可能是父母的錯誤處理導致孩子表現得愈發異常。在這種情況下，父母要及時停止錯誤的態度與處理方式，投入更多耐心，幫助孩子回歸正常的發展軌道。

總之，任何時候都可以開始性教育，但前提是父母需要對性教育瞭解更多。

# 🕐 家庭性教育時間表

　　因為兒童的認知水平是不斷發展的，所以每個階段的性教育方式都有每個階段的特點。0~3歲階段容易被父母忽視，是因為我們傳統理念中的教育是「說教」。但是性教育不只是「說教」的單向教育。

| 0歲 | 最常被父母<br>忽略的黃金階段 | 3歲 | 提問升級的<br>快速成長階段 | 6歲 |
|---|---|---|---|---|

● 父母行為和態度，單向教育為主　　● 親子間提問回答、互動式教育

## 0~6歲性教育

基本性觀念形成的時期。對自己的認知與對社會關係的認知主要來自家庭的影響。

此外，每一對父母都要反思自己的成長過程，儘量不要讓原生家庭對自己的負面影響延續到下一代。

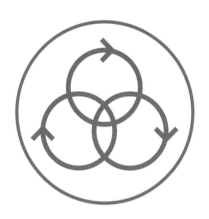

| 系統學習及自我定位階段 **青春期** | 健康的性心理影響一生 **成人** |
|---|---|

● 親子共同交流，探討式教育

● 寬容、理解、支持

### 青春期前及青春期性教育

學校教育與家庭教育共同發揮作用。來自同伴等社會關係的影響增加。

### 靜待花開

兒童性教育像栽花，成人以後的性觀念與性健康則是結果。爸爸媽媽在孩子成人以後要尊重孩子的選擇。

# 性教育包含的內容

## 我和我的身體

我的身體是如何工作的？
我從哪裏來？——**爸爸媽**
**媽如何回答這些問題。**

## 我的家與親密關係

我愛我的爸爸媽媽，我
喜歡交朋友——**爸爸媽**
**媽如何幫助孩子建立親**
**密關係。**

## 如何對別人說「不」

學會如何拒絕。我的隱私部位
不能隨便給別人看——**爸爸媽**
**媽告訴孩子正確預防性侵犯的**
**方法。**

### 我要學會表達與溝通

我有時很開心,有時很難過。
我願意想辦法交流、協商解決
我遇到的問題——**爸爸媽媽如
何幫助孩子學會溝通技巧。**

### 我的性好奇心

對自己身體的性探索是自然
的——**爸爸媽媽如何幫助孩
子理解隱私,以及如何看待
孩子的性遊戲。**

### 我們的不同與相同

無論男孩還是女孩,無論黃皮膚還
是黑皮膚,無論健康還是殘疾,都
應該得到尊重——**爸爸媽媽如何讓
孩子理解世界的多樣性與平等觀。**

# 8 甚麼是恰當的性教育

全世界在性教育的方法上沒有完全統一的觀點，對恰當的性教育應該包括哪些內容的看法並不一致。這是因為，人們對甚麼樣的性教育是有效的，以及對性教育的結果的期待不完全相同。

**1 性知識的教育**

最初，性教育是一種預防機制的「性健康教育」。這種性教育認為，只要告訴孩子如何避免不安全的性行為，就能減少過早的性行為和早孕。但就像預防火災一樣，如果孩子沒有認識到火災的危險性，只知道滅火的步驟，那麼並不會減少火災的發生。

**2 性價值觀的教育**

現在西方主要提倡的性教育是「全面性教育」，也就是在性知識教育的同時，還要進行性價值觀的教育。只有當一個人有成熟的性價值觀時，他才能從根本上對自己、對他人負責。

性教育是指，採取適合一定年齡、具有文化相關性的方式，通過提供在科學意義上準確的、真實的、不帶任何批判色彩的信息，傳授有關性和人與人之間關係方面的知識。性教育為一個人提供了探索自身價值觀和態度的機會，有助於培養其對有關性的諸多問題做出決策、進行交流和減少風險的能力。

3

無論是性健康教育還是全面性教育都是在告訴孩子如何進行安全性行為。但一些保守團體認為這兩者都過於將性公開化，沒有態度鮮明地去制止婚前性行為。因此，有人提倡「杜絕婚前性行為」的性教育。

這種性教育觀點存在誇大性行為結果的問題，加深了人們對性的負面認知，影響長期的性心理健康發展。

## 恰當的性教育

在傳遞正確的**性知識**與健康的**性價值觀**時，需要採取**多樣化的教育方式**，不僅是單向地傳遞知識，也要從個人的角度考慮，內化到自己身上。對於未成年人（18歲以下），要**強調延遲**發生性行為的年齡。同時也要告訴孩子如何進行安全性行為。

# ▲ 性教育的基本原則

### ● 適時適度

不同年齡的孩子性心理發展程度不同,性教育的內容也不同。因此,不要教給孩子超過他們理解能力的性知識,也不要機械地照搬書本上對性教育年齡階段的劃分。每個孩子都是獨立的個體,有各自的成長節奏。父母需要關注、瞭解自己的孩子,選擇適合的方式與內容。

### ● 科學準確

用科學準確的態度進行性教育,不躲避、不含糊其辭。

很多父母不知道如何給孩子進行性教育,一是因為自己也不知道問題的答案,二是因為不知道是否可以直接講出答案來。

前一類,如果父母自己不知道,就要告訴孩子不知道,然後和孩子一起尋找答案。後一類,即使父母自己講錯了也沒關係,及時糾正就好。

### ⬤ 關注文化背景

性在不同文化背景下有各自特有的解讀方式。

比如對非異性戀的看法，不同國家和文化下都有自己的角度，並沒有唯一的答案。再比如，對生殖器官使用學名來稱呼，香港現在也沒有西方社會那麼普及，因此要根據自己所處情境去選擇。

### ⬤ 涉及人際關係

性教育不僅是個人的問題，還包括人與人之間由性產生的其他外延問題。

比如性侵犯的發生不只是孩子個人的問題，也關係到如何對別人說「不」。又比如進入青春期以後，需要強調延遲性行為年齡的問題，這不僅關係到個人，更是整個社會的問題。

# ◉ 性教育的目標

　　既然性教育包括很多方面的內容，那麼我們進行性教育的目標又有哪些呢？在進行性教育時，要對我們的教育目的有所瞭解。下面是性教育四個方面的目標，也是我們希望孩子具備的觀念與能力。

**1** 「我愛我自己」、「我愛我的身體」、「我知道我從哪裏來」

**2** 「我能表達自己的看法，我會拒絕讓我不舒服的行為」

**3** 「我愛我的朋友、同學和老師，我可以和他們愉快相處」

**4** 「我愛爸爸媽媽」、「我愛我的家」

本　章　小　結 　　　　本章介紹了性教育的基本理論，包括性教育討論的內容、原則以及目標。這些內容雖然看似不能解決具體問題，卻是非常重要的理論基礎。本章還特別分析了性教育的一些主要觀點。通過這些內容的學習，希望可以幫助父母打破原有兒童性教育中的謬誤。

# 2

# 性教育的溝通指南

## ⏱ 花時間考慮自己的性價值觀

從前，學校裏的性健康教育不包括性價值觀教育。那時候的性教育只是身體結構、生理衞生等知識性內容。但是人們漸漸發現，與性有關的很多問題並不是簡單的對錯就可以表達清楚的。沒有任何一種性教育可以完全給出「甚麼是恰當的性行為」的回答，很多關於性的看法在不同文化中是不完全一致甚至相反的。

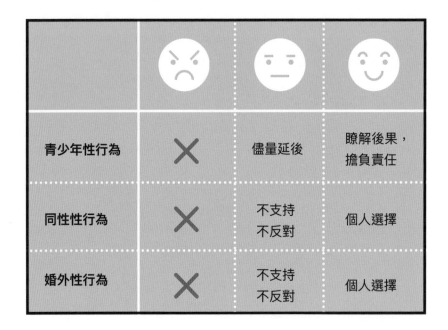

| | 😠 | 😐 | 😊 |
|---|---|---|---|
| 青少年性行為 | ✕ | 儘量延後 | 瞭解後果，擔負責任 |
| 同性性行為 | ✕ | 不支持不反對 | 個人選擇 |
| 婚外性行為 | ✕ | 不支持不反對 | 個人選擇 |

人們對這類問題的看法，還受到問題發生原因的影響。例如，當人們認為非異性戀主要由先天基因決定時，就更能接受非異性性行為。但是當人們認為非異性戀是受後天影響並習得時，對其接受度就會大大降低。

爸爸媽媽大都來自不同的原生家庭。有的家庭性觀念開放一些，有的家庭保守一些。在性教育方面，由於很多問題並沒有標準答案，每一個家庭都需要找到屬自己的性價值觀。

爸爸媽媽向孩子傳遞的觀念，就是屬這個家庭自身的性價值觀。

爸爸媽媽的觀念決定了他們對待孩子的方式，這種方式是塑造孩子性價值觀的基礎。而性價值觀與其他價值觀將一起決定孩子對待性問題的反應，以及將來的性行為模式。因此，在給孩子進行性教育之前，請先花些時間和自己的另一半一起想一想：

你們的性教育觀念是甚麼？

你們是否能達成共識？

如果不能，是否可以向孩子講清楚你們的不同觀點？

# 關於性價值觀的思考

1. 甚麼時候開始性教育？性教育是否應該儘早開始？性教育會讓兒童性早熟嗎？（可參考 P018）

2. 性教育是媽媽一人的職責嗎？爸爸應該如何參與？（可參考 P045）

3. 男孩女孩的教養方式是否要有區別？（可參考 P056）

4. 你如何看待同性戀群體？（可參考 P030）

5. 你介意你的孩子摸自己的生殖器嗎？你如何看待自慰行為？

6. 孩子應該知道生殖器的正確名稱嗎？（可參考 P094）

7. 你希望你的孩子從何處獲得有關性交的知識？你願意和你的孩子談論如何性交等內容嗎？

8. 父母在孩子面前爭吵會對孩子造成很嚴重的影響嗎？（可參考 P079、P089）

9. 父母和異性子女一起洗澡可以接受的年齡是多少？（可參考 P130）你介意孩子看到你的裸體嗎？

10. 你裸睡嗎？在家裏的其他地方可以裸露身體嗎？

11. 你介意婚前性行為嗎？你如何看待人工流產？你怎麼看待同居？

12. 你認為愛與性有着必然聯繫嗎？

13. 你認為自慰是正常、健康的表現嗎？（可參考 P136）

> P034 有「關於性價值觀的思考」的使用說明

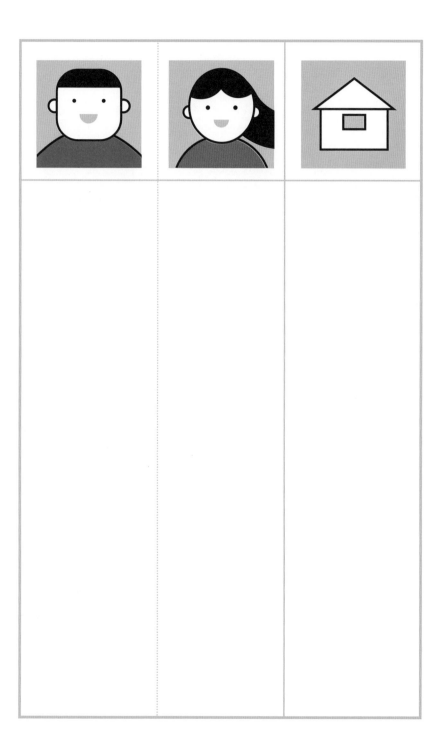

## 「關於性價值觀的思考」表格的使用說明

1. P033 為爸爸媽媽用來一起討論、記錄的表格。三列分別記錄爸爸、媽媽和家庭最終準備傳遞給孩子的觀念。P032 是我們給出的問題舉例。

2. 這些問題並沒有唯一的答案，夫妻雙方對問題的討論也是彼此瞭解的過程。

3. 除了我們列舉的 13 個問題以外，夫妻雙方還可以對其他感興趣的問題進行討論。

4. 即使爸爸媽媽不能得出完全一致的觀點，也要討論出希望傳遞給孩子的屬這個家庭的觀點，寫在最後一列。

5. 我們在書裏對其中一些問題提出了我們的理解供爸爸媽媽參考。

　　這樣的討論可以幫助爸爸媽媽更加瞭解彼此，同時也更有利於下面的學習。

## ∞ 克服溝通時的心理障礙

　　因為在缺乏性教育的環境中長大，很多爸爸媽媽對性知識不太瞭解。更令人遺憾的是，在我們的社會文化環境中，大家對於性有着或淺或深的「羞恥感」，即使已經為人父母，往往也會本能地想去迴避這一話題。

因此，當我們給孩子進行性教育時，最大的困境來自我們自己心中對性的抗拒。

然而，如果我們為人父母也一直迴避孩子的問題，那麼我們的孩子就會走上與我們一樣的舊路。

所以，真正的家庭性教育需要從父母改變自己開始。

## 不自在很正常，多練就好

一開始，你可能連說出生殖器名稱都會馬上臉紅心跳，但是不要擔心，通過反復練習，你會對這些名詞具備免疫能力。你可以像老師備課一樣，對著空氣大聲地進行自問自答，也可以和自己的另一半一起做這樣的練習。

此外，你還可以看一些性方面的專業書籍（具體可參考本書最後列出的參考書目）。當我們對一件事更加瞭解時，也就更能夠坦然面對。

# 不怕講錯，改了就好

不要擔心自己不懂或出現一時的錯誤。

有時候孩子問得突然，我們對答案也的確不瞭解。一些父母在這個時候會表現得非常緊張，甚至為了掩飾緊張，脫口而出錯誤的信息，又或是責怪孩子問得太多。

**急於把孩子「嚇走」是最糟糕的處理方式。**孩子不僅不會因此而放棄問題，還會因為父母莫名慌張的狀態而對問題更加好奇。關於性的問題從此將成為孩子心中的謎團，持續困擾孩子。

面對自己不懂的問題，父母可以實事求是地和孩子說「我也不知道」。並且積極地幫助孩子一起尋找答案。或者在找到答案後告訴孩子。

有時，父母無意中告訴孩子的知識是錯的。不用糾結這一時的錯誤，這與故意欺騙孩子是不同的。只要願意，我們總會在以後的生活裏找到合適的機會去向孩子糾正自己的錯誤。

「爸爸媽媽也有不知道的事情，爸爸媽媽也會出錯」，孩子對父母產生這樣的看法並沒有壞處，這才是真實的父母、實實在在的人。

這個問題我也不知道。

我們一起找答案吧！

我發現我上次說錯了。

## 沒有太晚，只有不做

怎麼辦？他已經開始自己看了。

「我之前沒關注過性教育，以後也算了吧！」的心理，其實也是一種畏難情緒。錯過得愈多，反而愈應該開始重視。

沒有做得太晚不能做的性教育，只有從來不做被忽視的性教育。性教育無論從何時都可以開始。

## 不講太多，身教勝於言教

語言上的說教不一定是最好的教育手段。如果我們重男輕女，那麼要如何告訴孩子「男女平等」？如果爸爸和媽媽之間經常爭吵，那麼無論如何講述愛與尊重都會缺乏說服力。

# ▎性教育順利進行的三個技巧

當我們闖過了自己的心理關，下定決心準備開始重視性教育的時候，「何時做」、「如何做」成為下一步要考慮的事情。這裏有三個技巧可以幫助到你。

## 技巧一：尋找一切「可教時刻」

《從尿布到約會》的作者提出了一個「可教時刻」的概念，可以用來回答「何時做」這個問題。

「可教時刻」是讓你和孩子自然地開啟「性」話題的時刻。性教育是生活中的教育，而不是那種「來，讓我們一起談談性吧！」的直接灌輸式教育。因此在日常生活中，爸爸媽媽需要陪伴孩子，才能找到這樣的關鍵時刻。

「可教時刻」不僅可以進行與孩子之間的語言互動，面對不會說話的嬰兒，爸爸媽媽同樣可以找到「可教時刻」。對此將在後面的章節中具體來講。

# 技巧二：鼓勵孩子提問

不迴避孩子的問題，自然地回答是對孩子最好的鼓勵。如果當孩子向你提問時，你可以真誠地對他說「我很開心你能問我這個問題」或「這真是一個好問題」，這將會開啟一次更加愉悅的交流。

孩子天性敏感、善於觀察，爸爸媽媽對孩子關於性的提問若表現出負面或消極的態度，則會影響孩子對性的看法。同時，還會打擊到孩子向父母提問（不僅僅是關於性的問題）的積極性。

我很開心你能問我這個問題。

這真是一個好問題！

我也不太清楚，你覺得是怎麼回事呢？

讓我們一起研究下這個問題吧。

## 技巧三：搞清楚孩子的問題是甚麼

很多父母在面對孩子的提問時，容易出現三類問題：

**一、沒有搞清楚孩子問甚麼就回答；**

**二、回答時使用的詞彙和概念是孩子理解不了的；**

**三、講得過多，孩子早已失去興趣。**

下面我們以 3 歲左右孩子的提問為例，來說明如何避免這三類問題。

### STEP 1：分辨孩子真正的問題

父母被孩子問到「我從哪裏來」時，經常會因為過於緊張，就會像被老師抽查背誦課文一樣，一股腦地將早已準備好的內容「倒」給孩子，但是他們卻忘了先搞清楚孩子到底問的是甚麼。

此時你可以反問孩子：我不太清楚你想問甚麼，或者詢問：你是問你的出生地嗎？

### STEP 2：選擇適合的詞匯和概念

孩子的理解能力是不斷發展提高的。3歲左右的孩子能夠理解的詞匯有限，因此爸爸媽媽在回答孩子問題的時候，一定要用這個年齡段可以聽懂的詞匯與概念去表達。

三歲孩子可理解

你從媽媽肚子裏來。

我從哪裏來？

### STEP 3：觀察孩子的反應

有些爸爸媽媽非常喜歡和孩子交流，總是希望能夠「知無不言」。不過在回答孩子關於性的問題時，只要回答到能解決孩子現階段疑問的程度就可以了。不要有意去「拓展」內容，這不是啟發思考的好時機。

如果孩子開始表現得失去興趣，比如眼神飄忽，開始玩手裏的小玩具，又或是他開始轉移話題，那麼你們關於這個問題的聊天就可以結束了。不要着急，你們以後還會找到機會討論的。

你從媽媽肚子裏來，媽媽肚子裏有一個子宮……

孩子已經失去興趣

媽媽，我想出去玩！

## 🔵 與兒童性發展相關的三個錦囊

### 錦囊一：兒童性教育是反復進行的

因為兒童的大腦還處於發育中，他們的理解力與記憶力都沒發育成熟，所以性教育是滲透在生活中反復進行的。比如在教孩子身體部位的名稱時，不能期望教一遍孩子就能夠記住並理解，我們要在一切「可教時刻」去幫助孩子「複習」這些內容。同樣的內容我們在孩子不同年齡階段中會一直提及。

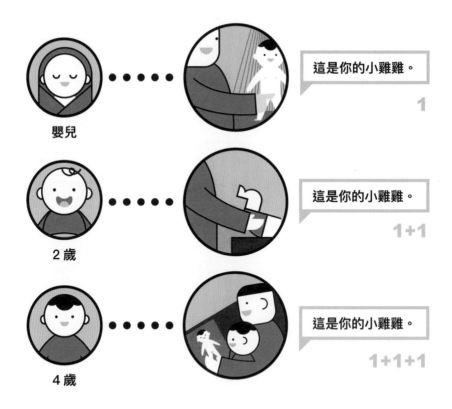

嬰兒 ⋯⋯⋯ 這是你的小雞雞。 1

2歲 ⋯⋯⋯ 這是你的小雞雞。 1+1

4歲 ⋯⋯⋯ 這是你的小雞雞。 1+1+1

## 錦囊二：態度和價值觀更重要

知識都是「死」的，而性教育的最終目的是讓孩子理解並運用到生活中。你在教授孩子時的態度，你如何看待這些知識，以及你是如何做的……這些「活」的影響對孩子更為重要。

## 錦囊三：性教育是父母共同的職責

與爸爸相比，媽媽承擔的性教育的任務更多（媽媽與孩子接觸機會往往比爸爸多），但是爸爸在性教育中也有必不可少的作用。尤其是在教育男孩的時候，爸爸有時比媽媽更適合。親密關係的建立是全家人共同的課題。

本 章 小 結

　　性價值觀決定了父母如何進行性教育。本章重點幫助父母思考自己的性價值觀，從而建立起屬自己家庭的、可以傳遞給孩子的性價值觀。此外，本章還幫助父母克服性教育的心理障礙，並介紹性教育的溝通技巧。最後，總結並強調與兒童性發展相關的三個錦囊，幫助家庭性教育的開展。

# 3

# 「性」從受精卵開始

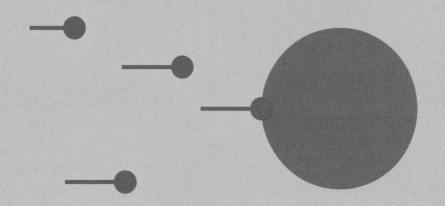

# ○「性」從受精卵開始

在中國一些地方，嬰兒出生就被算作是 1 歲，這是有一定道理的。從受孕開始，一個人的成長就已經開始，包括與性有關的成長。胎兒在子宮裏時，並不是安靜與世隔絕的，他同樣受到外界的影響。

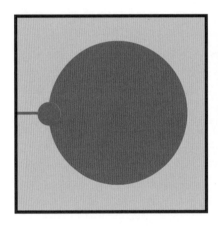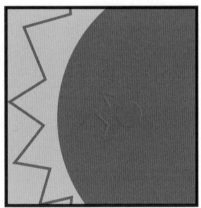

來自爸爸媽媽的生殖細胞，即卵細胞和精子，分別攜帶了 23 對染色體，其中各有一對是性染色體。基因攜帶着遺傳信息串聯在染色體外，這是決定人類生理性別的首要因素。

基因不但與身體外貌等靜態信息有關，還與人一生的發展變化相聯繫。從這 23 對染色體在受精時結合到一起的那一刻起，性器官及性別認同的發展也按照大自然的安排啟程。

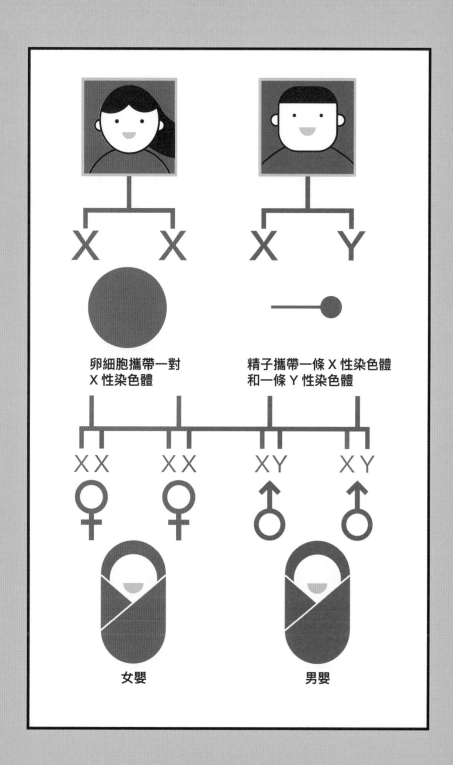

卵細胞攜帶一對
X 性染色體

精子攜帶一條 X 性染色體
和一條 Y 性染色體

女嬰

男嬰

## 你一生的故事

生理性別主要由基因決定。雖然胚胎發育到第 8 周時人們才能通過照超聲波觀察性器官來分辨胎兒的性別，但性染色體早已攜帶了足夠的信息來指導性腺和性器官的發育。**如果性染色體在結合時出現錯誤，那麼胎兒在性別發育時也會出現問題。**

儘管基因錯誤產生的原因尚無定論，但是，**在健康條件下受孕，努力做到優生優育，是備孕時最應該注意的問題。**

當你閱讀這本書時，可能早已過了備孕階段。但無論如何，影響孩子性別認同的最主要因素卻在受孕時已開始發揮作用。我們可以將這樣的觀念告訴朋友與家人，並在適當的時候告訴自己的孩子。

進入青春期，個人的性問題也逐漸成為社會問題。

青春期前的準備，明白身體的變化。

性發展成熟，
為自己和他人
負責是社會進
步的基礎。

受精卵決定了人類大部分
關於性的信息，因此優生
優育是十分重要的。

「性」從受精卵開始，但
是終點又在哪裏呢？從人類
一生的角度看，當性成熟以後，
才能孕育出新的胚胎，重新打開
另一個開始，人的生命就是這樣
一環一環的循環往復，起點與終
點不斷輪迴，而性造就了生
命的延續，進而推動社
會的發展。

從出生開始的性發
展受到來自家庭的
性教育影響。

3歲後，自我意識愈來
愈強，包括性在內的
問題愈來愈多。

進入小學，更加系統
學習有關人體和性的
知識。

# ∞ 潛移默化的性別影響

有些父母擔心的孩子「性取向」，屬孩子性別認同的範疇。但決定性取向的具體原因至今並沒有定論。我們如今可以肯定的是，**性別認同是由基因（先天因素）和環境（後天因素）共同作用的結果。**

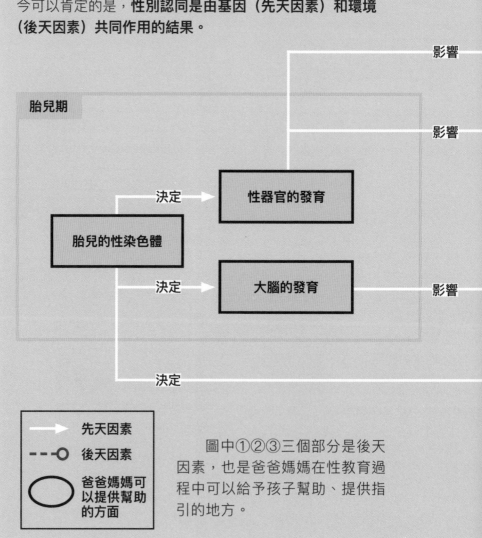

胎兒期

性器官的發育

胎兒的性染色體

決定

大腦的發育

決定

決定

影響

影響

影響

→　先天因素

- - -o　後天因素

○　爸爸媽媽可以提供幫助的方面

圖中①②③三個部分是後天因素，也是爸爸媽媽在性教育過程中可以給予孩子幫助、提供指引的地方。

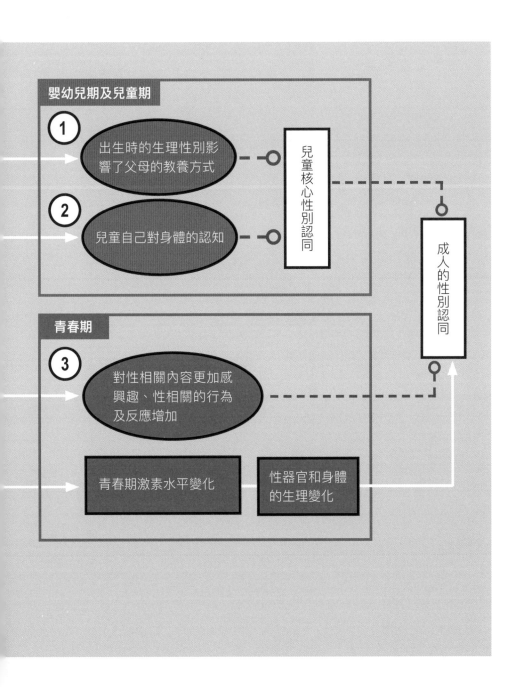

## 案例：雙生子實驗

有一對同卵雙胞胎的男孩，其中一個在 7 個月的時候，因為手術意外失去了陰莖。

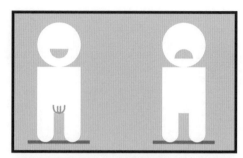

父母很痛苦，最後決定把這個可憐的寶寶當作女孩來養，並把他的名字從約翰改成了喬安。

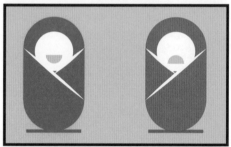

喬安接受了手術修復。為了促進女性特徵的發育，在青春期的時候還進行了荷爾蒙治療。果然喬安表現出與雙胞胎兄弟不同的女性特徵。

　　在荷爾蒙治療進行的同時，父母通過對喬安教養傾向上的改造，使喬安不同於兄弟的女性特徵在這種社會性別角色強調下發展出來。這說明，父母的教養方式對孩子的性別角色表現是有影響的。

但喬安仍舊保留了很多男性特質，比如爭強好勝、精力充沛等。

尤其是 10 歲以後，喬安出現了性別識別困難，很難認同自己的性別角色。他開始拒絕父母給他的女性化的衣服及玩具。

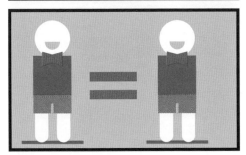

喬安最後還是通過手術和荷爾蒙治療恢復了約翰的男性身份，長成了一個魁梧的男性，結婚並收養了孩子。

　　但是先天因素的影響始終也發揮着作用，這讓喬安最終變回了約翰。

　　正因為我們無法說清先天因素和後天影響各自發揮了甚麼程度的作用，也不知道這些作用在不同人身上的影響是否一致，所以在孩子性別認同的過程中，父母不要過於焦慮，更不要按照社會對男女的刻板印象去教養孩子。

# 如何教養男孩和女孩

社會對男孩和女孩的性別角色往往帶有時代賦予的刻板印象。父母按照這樣的刻板印象去教養孩子時，會固化孩子對各自性別特徵的看法，並反映到自己的教養行為上。

專家認為，年幼的男孩和女孩之間的行為差異並沒有那麼大，至少沒有每個孩子個體間的差異那麼大。

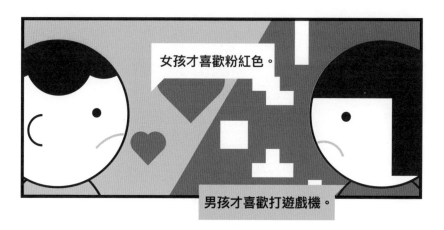

帶有刻板印象的教育方式，本身是一種「強行把孩子按進具有典型性別特徵的模子裏」的行為，這並不利於孩子全面自由的發展。

性別角色的差異很多都是人們在社會文化下長期積累的偏見。父母不要因為自己對性別角色的刻板印象而限制了孩子的發

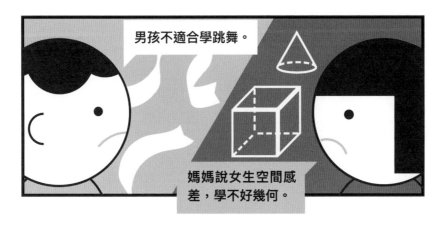

展。無論是喜歡玩布娃娃的男孩，還是喜歡恐龍怪獸的女孩，順應孩子的天性進行教養是最好的選擇。

比起在意「是男孩還是女孩」，相信自己的孩子是獨一無二的更有意義。

1歲前的嬰兒不會說話，更不會提問題。我們不會對着一個

# ▮性發展基本規律

嬰兒講性教育繪本，也不會和一個嬰兒講他是從哪裏來的，所以**嬰兒期成了爸爸媽媽容易忽視的性教育的黃金期。**

　　但已經有研究表明，新生兒也是有性生理反應的。性的發展如同嬰兒身體、智力、心理的發展一樣，一刻也未停止過。

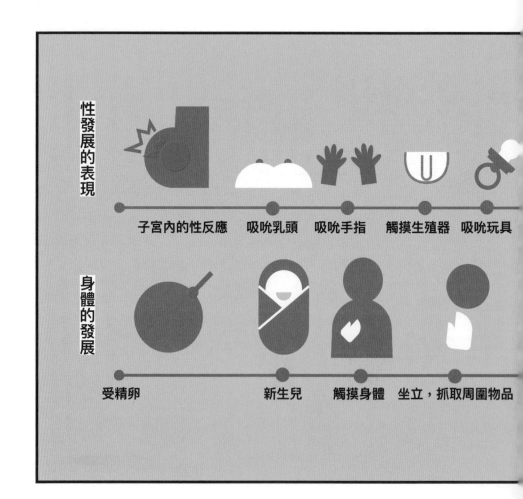

性發展的表現

子宮內的性反應　吸吮乳頭　吸吮手指　觸摸生殖器　吸吮玩具

身體的發展

受精卵　新生兒　觸摸身體　坐立，抓取周圍物品

性發展與身體發展一樣，都不是一蹴而就的。
兩者之間相輔相成，向着更成熟的方向發展。

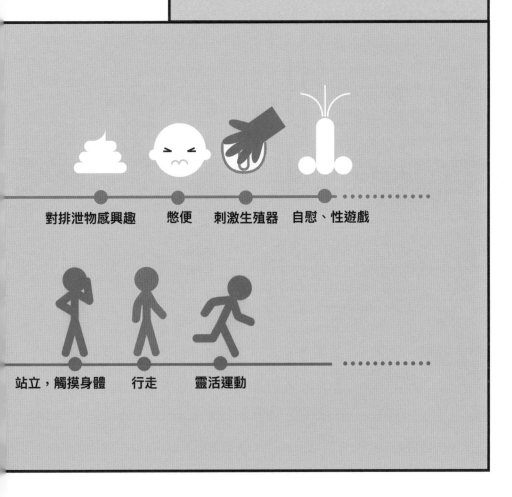

對排泄物感興趣　　憋便　　刺激生殖器　　自慰、性遊戲

站立，觸摸身體　　行走　　靈活運動

人的一生中有很多個關鍵期或敏感期。這些時期對每個人來說都是非常重要的學習時期。其中也包括形成性態度與性偏好的時期。人們在這些時期裏，學習能力達到最佳的狀態，能夠更加高效地學習。

**精神分析學派大師弗洛伊德的心理動力理論將人類心理發展分為幾個重要時期：口唇期、肛門期、性蕾期、潛伏期和青春期。**

一些書籍中提到的兒童敏感期中的口唇期和肛門期等就是來自這個理論。

弗洛伊德認為，性渴望和性驅力是人類心智的一部分，所以在弗洛伊德的理論中，性具有非常重要的地位。我們通過對這一理論的學習，可以對兒童時期的性發展有更深入的瞭解。

# 胎兒期（出生之前）

超聲波影像顯示，在媽媽子宮裏時，胎兒就對探索自己的身體很感興趣，他們不僅會吸吮手指，也會觸摸自己的生殖器，在探索中尋找快感。

男寶寶甚至在出生前就有生殖器的反應，他們的陰莖會勃起（一種條件反射）。科學家們還相信，儘管無法觀測到，但是女寶寶很可能也有陰道潤滑的情況發生。

此外，胎兒在最後3個月時已經具備聽力，因為他們最常聽到的一般是媽媽的聲音，所以在出生後對媽媽的聲音也更加敏感。

在孕期最後3個月，常常與胎兒進行對話，有助於孩子心智的發育。經常聽到媽媽溫柔的聲音，也能幫助胎兒在出生後與媽媽建立親密關係。

# 口唇期（0~1歲）

吸吮是人類的天性。那些足月出生的健康寶寶，第一時間就會被帶到媽媽身旁，即使沒有睜開眼睛，他也會開始尋找奶頭並努力吸吮，儘管並不熟練。每一位有過母乳餵養經歷的媽媽都一定會記得這一刻的感覺。

嬰兒通過吸奶獲得最初的滿足。這種滿足一部分是來自於對饑餓的緩解，另一部分就是通過吸吮媽媽的乳房，獲得心理上的安慰與愉悅。**吸吮是人類最初的性感覺，建立了孩子最基礎的性特質。**

因此，**媽媽在餵奶時對嬰兒的態度也會對孩子心智產生影響。**

媽媽在餵奶時要儘量輕柔，不要因為情緒焦躁就粗魯地把奶頭塞進孩子的嘴裏。要知道，在嬰兒初期，他對這個世界的認識與感受主要來自乳房以及吸奶的過程，他通過吸奶與媽媽建立聯繫。

弗洛伊德指出，嘴唇和口腔內的皮膚黏膜都是人體的敏感區域。當新生兒四肢肌肉力量發育不成熟時，會通過舌頭吸吮奶頭和嘴唇去體會敏感區的刺激。

當嬰兒可以控制自己的手部運動以後，吮手會成為新的探索環節。

能夠翻身坐起來，能夠自己拿到周圍的物品以後，嬰兒就會開始不停地往嘴裏放任何他能拿到的東西。

這正說明隨着身體機能的發展，當嬰兒已經有能力去抓取物品時，他探索的範圍也自然擴大了。此時的嬰兒還處於口唇期，他會努力將所有可以拿到的東西放進嘴裏。

### 嬰兒經常吮手怎麼辦?

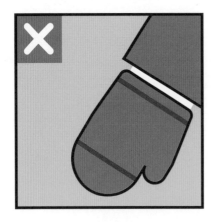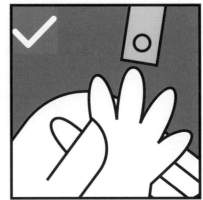

　　吸吮是兒童性發展的關鍵一環。如果爸爸媽媽為了避免孩子撓傷自己,給孩子戴上手套,就會讓嬰兒失去吸吮的鍛煉。此時最好的做法是及時幫寶寶剪去指甲,保證寶寶手部和可抓取物品的衛生。

　　當孩子已經有了自己抓取東西的能力時,爸爸媽媽應該小心陪伴,既不要阻止孩子正常的探索,也要防止寶寶誤食物品。

### 如果孩子大了還喜歡吮手怎麼辦？

有的孩子到了 3 歲以後仍然喜歡吮手，尤其是在入睡之前，或者感到焦慮的時候。還有一些孩子喜歡往嘴裏放東西，沒見過的小玩意都喜歡用嘴去感受一番。這說明孩子在口唇期時沒有得到充分的滿足，因此還沒有完全過渡到下一個階段，又或是保留了一部分口唇期的習慣。

如果在孩子小時候制止他口唇期的探索，那麼孩子長大以後，隨着他活動能力增強、活動範圍擴大，家長更不容易進行看護。因此，父母要讓孩子在嬰兒期徹底滿足口唇期的探索。

父母不要強制孩子停止吮手，或者因此訓斥孩子。很可能是家庭環境及父母的疏忽導致了孩子如今的問題，所以需要反思的是爸爸媽媽。

不過，此時的孩子和嬰兒階段已經不同，因而不能再像口唇期一樣任由孩子吮手，但也不能刻意去制止。

爸爸媽媽可以在孩子吮手的時候轉移孩子的注意力，比如給他喜歡的糖果或者玩具。

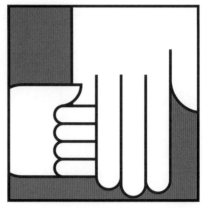

如果孩子是在入睡過程中吮手，爸爸媽媽可以儘量拉著孩子的手，陪伴他入睡。

爸爸媽媽還可以和孩子一起看關於吮手的繪本。但是一定注意，繪本的內容不要說教性質太明顯，也不要是通過恐嚇來勸誡的繪本。

**那些因為吮手被嚴厲管教的孩子，吮手問題可能反而會變得愈發嚴重。** 或是在短時間改掉後，在情緒敏感時再次發作，又或者尋找其他替代物。

若吮手情況嚴重，還會咬破手指，將會導致痛感與興奮感的錯誤連接，對性心理發展不利。

因此，父母在這個階段一定要有耐心。父母的愛對於孩子的心理成長是最好的支持。

**非母乳餵養的孩子與安撫奶嘴**

　　除了營養方面的差異外，非母乳餵養的孩子沒有對媽媽乳房的依戀。如果此時媽媽也不是主要餵養者，孩子將很難把餵養行為與媽媽聯繫起來。這樣建立起的母子親密關係一般沒有母乳餵養或者媽媽是主要餵養者時緊密。

　　然而通過奶嘴仍然可以滿足孩子對吸吮的需求。不過，無論是母乳餵養還是奶瓶餵養，媽媽（餵養者）在餵養時，與嬰兒的互動過程十分重要。

　　因為新生兒的可視距離，正好是母乳餵養時從自己到媽媽臉部的距離；所以在奶瓶餵養時，餵養者與嬰兒在這個距離進行溫柔的互動是非常重要的。餵養者可以與嬰兒輕柔地說話，還可以微笑着注視着對方，總之通過這樣的方式，可以在嬰兒吸吮時建立最初的情感連接。

　　安撫奶嘴可以代替嬰兒吮手指的口欲需求。但是因為安撫奶嘴雖像奶頭，卻不能吸出奶，對嬰兒來說會有挫敗感，所以最好只在孩子入睡或不舒服時使用。

# 肛門期（1~3 歲）

這個年紀的孩子開始接受上廁所的訓練，並學習如何控制大小便。孩子在控制排便的過程中獲得快感，逐漸進入了下一個時期——肛門期。

一些處於肛門期的孩子，會刻意憋便。通過這種方式去尋找排便的臨界點，也尋找性快感的臨界點。憋便時的孩子往往臉色潮紅，因為人類生殖器與排泄器官最為接近，因此排便，尤其是憋便時的感受和性高潮的感受十分相似。

在肛門期之前，一些孩子預感要排便時會告訴家人。而到了肛門期，卻會偷偷躲藏起來，直到尿到或拉到褲子裏。

沒有意識到孩子進入肛門期的家長常常會十分不解和憤怒，認為孩子的行為是故意的，明明以前都會提前說，為甚麼現在卻偷偷躲起來弄髒褲子？

### 如何順利渡過肛門期？

排泄最初對於嬰兒來說是件不舒服的事情。在他們還只能躺在床上時，他們會用哭來告訴家人他拉了一褲子，他很難受。

排泄時嬰兒突然受到的刺激是最讓他們感到惶恐和不舒服的。不過隨着他們身體驚人的生長，他們逐漸適應了排泄這件事，並且從中發現了快感。這種快感成人也能體會到，就像憋了很久終於找到廁所「方便」那一刻。

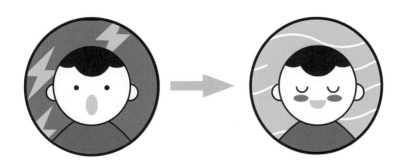

在嬰兒的世界裏，他們對排泄的過程以及排泄物都很感興趣，因為排泄行為及排泄物都對他們很重要（排泄物最初被視為自己身體的一部分）。有一些孩子還會研究大便，甚至徒手玩自己的排泄物，這都是十分正常的行為。

正因如此，在兒童發展的這個時期，不要讓孩子排斥排泄物。**父母不用過於着急讓孩子馬上懂得乾淨衛生**，甚至因此讓孩子感到，爸爸媽媽很討厭孩子的排泄物。

**父母在培養孩子如廁習慣時，需要溫柔地堅持。**如果孩子出現尿褲子、拉褲子，又或是因為玩排泄物而弄髒自己的情況，家長不要因此而訓斥他們。有些小朋友則會出現相反的情況，比如過於關注自己的內褲是否乾淨，又或是在排便後是否把自己清理乾淨。這種時候，需要父母在讓孩子懂得不傷害自己的大前提下，溫柔地並反復地告訴孩子正常的衛生習慣。

這個時期，爸爸媽媽可以和孩子一起看一些關於「屎尿屁」的繪本。優秀的繪本可以幫助孩子知道排便是很平常的事情。同時幫助孩子懂得如何去上廁所。

肛門期憋便的情況並不是在每個孩子身上都表現得十分明顯。

有便意的時候躲起來

不會十分主動去排便

排便是件很平常的事情

大部分孩子或多或少都會出現不太願意去排便的情況，父母經常擔心孩子是否出現了便秘。父母的這種焦慮情緒又會反過來造成孩子的排便焦慮。

對於那些憋便狀況很典型的孩子，不要因此批評他。憋便是正常的。責罵不能改善孩子憋便的情況，孩子自己也控制不了憋便行為。責罵反而會讓孩子愈發懼怕排便。長此以往，可能會從肛門期的正常憋便，逐漸惡化成肛門對排便反應不靈敏，最後造成生理問題。

解決憋便的唯一方法就是耐心等待孩子自己度過這一時期。具體時間的長短因人而異，有的孩子一兩個月就度過了，有的孩子甚至需要一年。

**如廁訓練 6 步走**

**1**

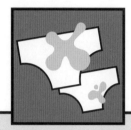

嬰兒大都使用紙尿褲或者尿布，他們不清楚自己甚麼時候會排便。但是孩子漸漸會開始意識到自己要排便了。

**2**

每個孩子開始具有主動排便意識的年齡都各不相同，個體差異較大。有的孩子在半歲以後就能意識到，但是有的要到一歲以後。爸爸媽媽要注意觀察孩子的反應。

孩子在要排便前面部表情會有變化，比如眼神停頓，或看向自己的排泄器官。

**3**

即使孩子還需要用紙尿褲、不能主動告知排便，也可以給孩子準備專用的小馬桶或專用便盆。

**4**

當父母發現孩子有排便意識以後，若孩子還不能自己走到小馬桶，或者還不能自己穿脫褲子，就可以在這個時候告訴孩子，你要尿尿（拉臭）了嗎？我們去小馬桶吧！

通過這樣的方式，可以加強孩子從意識到行為的記憶。

**5**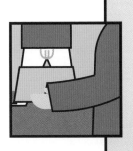

當孩子還不會自己穿脫褲子，但可以坐在小馬桶上廁所時，請繼續幫助孩子訓練在固定位置主動排便的習慣。比如，請孩子儘量提前告知要排便，或者告訴孩子：「你如果想上廁所，可以去你的小馬桶，我可以幫助你脫褲子。」

**6**

對於 3 歲到 4 歲的孩子，可以逐漸過渡到使用成人馬桶，但前提是要提供給他們能夠自己上廁所的條件。

比如將小馬桶圈放在方便孩子拿取的地方，讓孩子可以自己將小馬桶圈放在馬桶上。同時，在馬桶旁放孩子可以搬動的塑料防滑凳，以便幫助他坐到馬桶上。

孩子如廁訓練時所使用到的工具可能不同，有的需要小馬桶，有的只需要用小馬桶圈。無論使用哪一種，都不要強迫孩子一定馬上使用，而應在每一次準備上廁所時，都給予孩子嘗試使用的建議，鼓勵他們有新的進步。

咦？這是甚麼？

# 性蕾期（3~6歲）

在這個時期，孩子開始關注他的生殖器。他可能某一次在澡盆中玩耍時，忽然第一次認真注意到自己的生殖器官，又或者看到爸爸、媽媽的性器官，發現和自己的不太一樣。

前文已提及，在嬰兒期甚至胎兒時，孩子也會觸摸自己的生殖器。這既是孩子對身體的探索，又是性感受的啟蒙。不過到了性蕾期，孩子會對生殖器投入更多關注。有的孩子則開始用手刺激生殖器，女孩有可能夾腿自慰。

與此同時，孩子對生殖器的關注也將加速開啟孩子的性別意識，這是性別識別的一個重要階段。

爸爸，我們這裏長得不一樣。

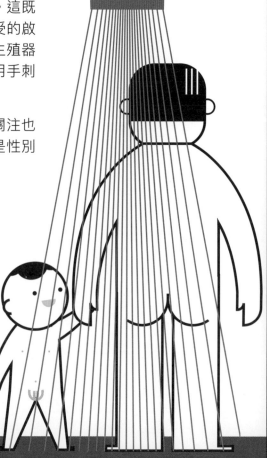

# 潛伏期（6 歲～青春期前）

弗洛伊德認為性心理的發展在這個年齡段會進入潛伏期，主要是因為性生理的發展在這一時期處於停滯狀態。

但現代研究表明，兒童的性心理在這個階段仍舊處於發展之中。所以在小學階段，學校應該進行符合這個年齡階段孩子的性教育，為進入青春期做好準備。

# 青春期

青春期是人一生中非常重要的階段。在這一階段，性器官逐漸成熟，更深層次的性別認同逐漸形成（見 P053 青春期）；人的自我意識與社會意識開始發生衝撞融合。自我身份的認知與社會身份的認知之間的衝突將在這個時期更加明顯。

平安渡過青春期需要孩子與家長之間的信任，親子之間可以對任何問題進行交流。孩子願意將自己的困惑講給家長，也相信爸爸媽媽可以認真回答。這種信任是從小培養出來的。

我們在孩子 6 歲前進行的性教育，可以幫助建立親子間的信任感，為青春期以及孩子的一生做準備。

在各個性敏感期，一旦正常發展的行為受到壓抑，哪怕只是暫時的抑制，就可能造成在一個人其他成長階段的反常表現。比如出現補償行為，或者藏在心裏的一個角落，一般情況難以探究。

本章小結

　　「性」從受精卵開始，影響人的一生，並通過一代又一代，延續這種影響。無論男孩還是女孩，先天因素與後天環境的影響都共同發揮作用。本章還基於弗洛伊德的理論介紹了性發展的基本規律。尤其分析了口唇期的吸吮以及肛門期憋便等典型現象。這些都是兒童性發展過程中所經歷的正常現象。

# 4

# 從出生開始的性教育

## 0~3 歲

## ∞ 信任感的建立

為甚麼性教育還要討論與其他人的各種關係？難道性教育不就是教給孩子關於性的各種知識嗎？

當然不是。性教育不只是生理衛生的知識教育，也不只是防止性侵犯的技能教育。**父母進行性教育的心理基礎是對孩子的愛，是爸爸媽媽之間的愛，是朋友之間的愛，是人與人之間的愛。**愛的教育是無法孤立地、說教式地灌輸的，而是通過社會關係來連接表達，孩子正是在這些關係中學習成長的。

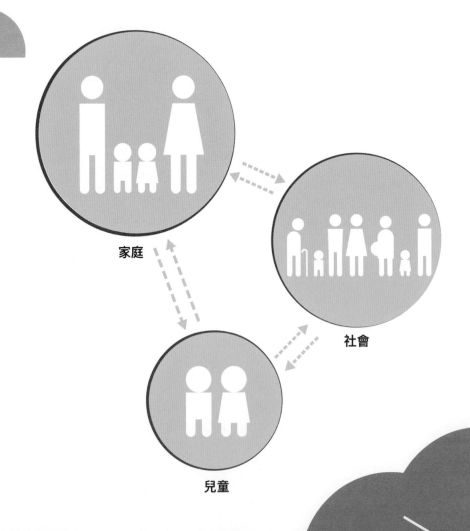

家庭

社會

兒童

## 家庭關係影響孩子一生

　　在孩子上幼兒園之前，家庭就是孩子的小社會。孩子從爸爸媽媽對待他的方式和態度中學習社會人際關係的交往規則，從爸爸與媽媽的婚姻關係中學習兩性的相處。在有手足以及與祖父母共同生活的家庭中，孩子還會學到更多。

美滿的婚姻關係

糟糕的婚姻關係

健康的
心理發展

VS

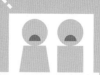

不健康的
心理發展

正面的養育

負面的養育

　　上圖表達了家庭關係、養育方式及對孩子心理發展之間的相互影響，這是最基本的規律。然而，實際生活中人們相互的影響更加複雜。

## 高質量的養育不僅是餵養

英國心理學家哈利·哈洛在研究餵養的重要程度時，曾經做過一個「代理媽媽」的實驗。

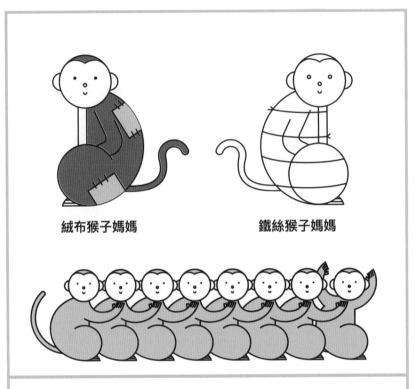

絨布猴子媽媽　　　　　鐵絲猴子媽媽

8隻小猴子剛出生就離開母親，分為兩組，分別由兩位「代理媽媽」餵養。兩位「代理媽媽」的身體都由鐵絲做成，其中一個身上纏滿柔軟的絨布。

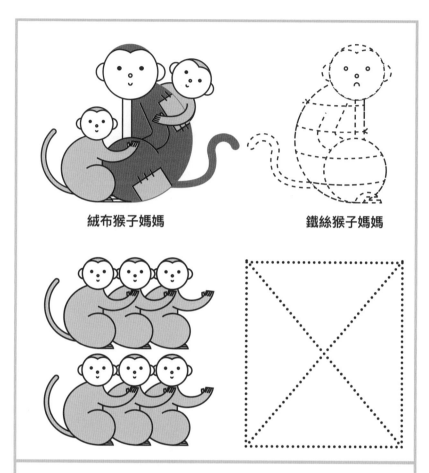

絨布猴子媽媽　　　　　鐵絲猴子媽媽

儘管兩個「代理媽媽」都會滿足小猴子的餵養需求，但是由「鐵絲媽媽」餵養的小猴子除了吸奶以外，更多時間也都是和「絨布媽媽」在一起。

可見，只是滿足生理需求的充分餵養，並不能幫助小猴子與「鐵絲媽媽」建立一種依戀關係。

## 嬰幼兒的依戀關係

按照埃里克森的心理社會發展理論，0~1 歲是孩子建立信任感的重要階段。

嬰兒在有需求的時候，如饑餓、排泄或是受到驚嚇時，能馬上得到媽媽（照顧者）的回應。

**當孩子置於危險或者陌生環境中時**

緊張地跑向媽媽，不過很快就會平靜下來並願意繼續探索陌生的新環境。

**安全型依戀關係的建立**

英國發展心理學家約翰·鮑比發現，父母在照顧嬰兒時的敏感性與回應性將會發展出孩子三種不同的依戀模式：安全型、焦慮—矛盾型、迴避型。後兩者都被認為是不安全型的依戀關係。

媽媽照顧嬰兒時，有時熱情，有時煩躁，有時甚至不出現。無法給嬰兒提供一致連續的照顧。

**當孩子置於危險或者陌生環境中時**

大哭着跑到媽媽身邊，緊緊抱住媽媽，無論媽媽如何安慰也不放手，不願意探索新環境。

**焦慮—矛盾型依戀關係的建立**

媽媽對照顧嬰兒充滿抵觸情緒，甚至拒絕照顧孩子。

當孩子置於危險或者陌生環境中時

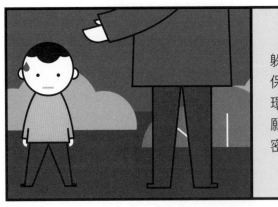

躲開大人，和父母保持距離，即使對環境感到害怕也不願意和父母發生親密接觸。

迴避型依戀關係的建立

## 嬰幼兒時期的依戀關係是成人親密關係的起點

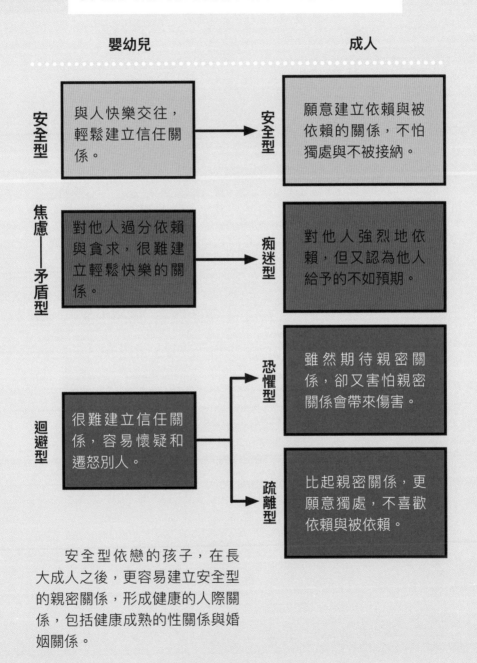

|  | 嬰幼兒 |  | 成人 |
|---|---|---|---|
| 安全型 | 與人快樂交往，輕鬆建立信任關係。 | 安全型 | 願意建立依賴與被依賴的關係，不怕獨處與不被接納。 |
| 焦慮——矛盾型 | 對他人過分依賴與貪求，很難建立輕鬆快樂的關係。 | 痴迷型 | 對他人強烈地依賴，但又認為他人給予的不如預期。 |
| 迴避型 | 很難建立信任關係，容易懷疑和遷怒別人。 | 恐懼型 | 雖然期待親密關係，卻又害怕親密關係會帶來傷害。 |
|  |  | 疏離型 | 比起親密關係，更願意獨處，不喜歡依賴與被依賴。 |

安全型依戀的孩子，在長大成人之後，更容易建立安全型的親密關係，形成健康的人際關係，包括健康成熟的性關係與婚姻關係。

# 促進安全型依戀的養育方式

**2** 關注孩子的反應並及時回應

- 孩子笑時予以回應
- 嬰兒發出聲響時給予關心
- 哭泣時給予安慰

**1** 基本餵養條件

- 及時餵養
- 提供安靜舒適的環境
- 及時更換紙尿褲
- 擁抱撫摸

## 3 與孩子互動提供情感支持

- 與孩子一起愉快玩耍
- 孩子遇到困難時提供幫助
- 對孩子的探索行為給予鼓勵

## 孩子的自信成長需要全家共同努力

產後抑鬱的媽媽容易忽視孩子，或缺少對孩子持續性的積極關注。極端情況下還會將負面情緒發洩到孩子身上。

產後抑鬱主要是因為產後激素水平迅速變化，以及媽媽對產後情況預計不足，或是家庭其他原因導致。此時，無論是媽媽還是孩子，都需要其他家人的幫助，共同面對問題。

在以往家庭中，媽媽是主要撫養人。不過，如果爸爸與孩子也形成安全型的依戀關係，將會對孩子安全感的建立更有幫助。當爸爸也成為孩子的「安全基地」以後，孩子將有更強大的信心邁出探索世界的步伐。

當媽媽出現產後抑鬱時，需要爸爸的支持與理解。家庭氣氛的營造也是安全型依戀關係建立必不可少的部分。

　　和諧的婚姻關係不僅可以幫助孩子建立積極的婚姻觀，還可以促進父母與子女之間的關係更加親密。反之，如果父母離婚導致關係惡化，也容易影響父母與子女之間的關係。親子之間關係的影響是雙向的。

　　不過我們要知道，離婚對孩子的負面影響主要來自離婚時父母之間的惡劣狀態（如爭吵與相互指責）；身心疲憊的父母失去了對孩子的關注，而不是離婚本身。

### 如何正確斷奶？

　　斷奶是挫折也是成長。斷奶的過程也影響了親密關係的建立。梅蘭妮·克萊因在其著作《愛、罪疚與修復》中對從吸奶到斷奶的過程有如下的描述。

**1**

嬰兒對世界的認識從乳房開始。乳房中的奶水讓嬰兒吃飽喝足，同時吸吮的感覺讓嬰兒感到愉悅。此刻乳房在嬰兒眼中是天下最美好的事物。

**2**

嬰兒在最初的兩三個月後，才將媽媽與乳房聯繫在一起。嬰兒對乳房的喜惡也漸漸與對媽媽的愛恨聯繫在一起。此時媽媽溫柔的哺育是與孩子建立安全依戀關係的基礎。

### 斷奶時的原則

1. 媽媽與孩子建立良好的依戀關係是順利斷奶的前提。

2. 要溫和而緩慢地進行，逐漸用其他食物代替哺乳。

3. 不要餵孩子吃他不喜歡的食物或他不需要的食物。

4. 不要在斷奶的同時進行其他方面的訓練，如排便訓練、餐桌禮儀等。

當吸吮不能立刻得到滿足時，嬰兒心中充滿恐懼和憤怒。所以當他再次可以吸吮乳房時，即使並不饑餓，他也會強而有力地吸吮，甚至去咬嚼乳房。

在斷奶時，嬰兒由於擔心永遠失去媽媽而心存恐懼，又以為是自己的憤怒導致失去，所以感到愧疚，這種複雜而矛盾的心理是導致嬰兒斷奶十分痛苦的關鍵地方。

「真正成功的斷奶意味嬰兒不只是習慣了新的食物，也在處理其內在衝突與恐懼方面達到最初而根本的進展，而且真正找到調試挫折的方式。」

——梅蘭妮·克萊因《愛、罪疚與修復》P320

家庭是孩子的安全基地。
在家庭中獲得溫暖，孩子才能敢於探索更廣闊的世界。

安全基地

世界

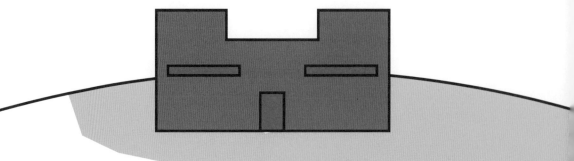

只有在照顧與哺育嬰兒不單是一件責
任，而是真正快樂的事時，母子之間快樂的
關係才能夠建立起來。

——梅蘭妮·克萊因
《愛、罪疚與修復》P316

# ◉「我和我的身體」

## 認識「我的身體」

很多爸爸媽媽在準備進行性教育時，首先會想到怎樣和孩子講性器官。但往往是在孩子幾歲以後才想起這個問題。但是除了性器官，爸爸媽媽在告訴孩子身體其他部位的名稱時是絕對不會糾結的。

寶寶剛剛出生不久，我們就會盯着孩子的小臉目不轉睛地端詳，甚至開始對着還不會說話的寶寶說，「這是你的眼睛，這是你的鼻子，這是你的小手……」不過我們很少會對孩子說，「這是你的陰莖」。

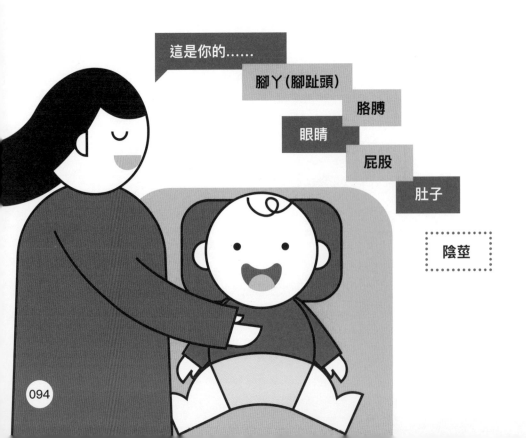

這是你的……

腳丫（腳趾頭）

胳膊

眼睛

屁股

肚子

陰莖

其實對於愈小的孩子來說，性器官與身體其他部位的器官相比沒有甚麼特別。陰莖和耳朵一樣，都只是名字而已。**他們並不會因為這是性器官而覺得不自在，不自在的是父母自己。**

無論父母提到性器官時是否尷尬，告訴孩子性器官的名稱都是必須做的事情。而且，**愈早對着孩子說（哪怕他還不會說話），尷尬感愈少。**父母對性器官避而不談的態度，反而是日後與孩子談「性」時愈發尷尬的真正原因。

### 性器官講學名還是俗名？

那麼，我們在告訴孩子性器官的名稱時，應該說科學名詞還是生活中的俗語名稱呢？為甚麼有人認為要講科學名稱，有的卻說可以不講呢？

這是陰莖。

### 為甚麼說科學名稱？

讓孩子認識自己的身體，是為了認識自己，同時也是與其他人溝通時可以相互對話的前提。比如生病的時候，可以準確地告訴醫生生病的位置。因此，告訴孩子性器官的科學名稱的主要目的是利於溝通，這是一種「通用語言」。

### 為甚麼說俗語名稱？

很多父母更願意教孩子說俗語名稱，除了因為父母自己不適應稱呼科學名稱外，還因為如果孩子在公開場合提到科學名稱，會讓周圍的人和父母自己感到不自在。父母甚至擔心其他人看待孩子的眼光。

這是小雞雞。

## 男女性器官學名俗名對比

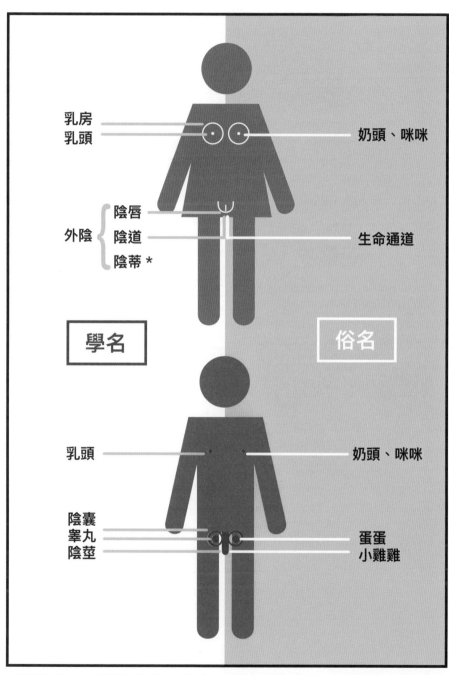

乳房
乳頭 ———————— 奶頭、咪咪

陰唇
外陰 { 陰道 ———————— 生命通道
陰蒂 *

學名　　　　　俗名

乳頭 ———————— 奶頭、咪咪

陰囊
睪丸 ———————— 蛋蛋
陰莖 ———————— 小雞雞

＊陰蒂在圖中未能顯示位置。本圖為性器官位置參考圖，具體器官名稱可參考
P200 第 2 條中的參考書。

**1**

孩子愈小時教愈
不會尷尬。

**2**

小雞雞！

陰莖！

有時候可能會出
現用科學名稱與
人溝通反而尷尬
的情況，但其實
不會有甚麼其他
影響。

**3**

肚子疼。

具體哪裏疼？

尤其在面對身體
檢查或正式交流
需要準確說出身
體部位名稱時，
孩子要清楚地知
道自己身上部位
的名稱。

# 如何稱呼性器官，由自己決定

其實在香港，「小雞雞」是對陰莖通俗、普遍的稱呼，基本不會給溝通帶來誤解。那麼，如果父母自己心理上不能接受平時與孩子的溝通用科學名稱，也可以用俗語名稱。不過建議，在告訴孩子名稱的時候，可以說：

**這是陰莖，這是它的大名，**

**不過我們更習慣叫它的小名「小雞雞」。**

這樣的方式有可能帶來「為甚麼只有生殖器有小名」的疑問與困惑。不過因為很多孩子出生時也有自己的小名，可以降低這種稱呼的特殊感。

但像女孩的性器官，俗語名稱並不普遍，甚至有一些部位，父母自己也不能分清。所以建議父母先要瞭解清楚科學名稱，同時考慮俗語名稱的通用程度後，再決定如何教給自己的孩子。

在孩子進入小學以後，會進一步系統學習身體各個部位的名稱。到時，老師應該教給孩子性器官的科學名稱。（如果沒有，則需要家長來完成這部分教育，可查找專業圖書或資料來完成。）

《國際性教育技術指導綱要》建議爸爸媽媽告訴孩子科學準確的名稱。考慮到目前國情和每個家庭的需求，我們建議根據自己家的實際情況，在性教育的啟蒙階段選擇合適、可溝通、不會造成交流障礙的教授方式。

# 認識身體的「可教時刻」

## 👁 黃金期：換尿布的時候

雖然嬰兒可能既聽不懂成人的語言更不會說話，但是孩子每天都在成長，會慢慢理解。從小將性器官就像其他器官一樣告訴孩子，那麼在孩子心中，性器官不會成為不可談論的神秘部位。

這是你的胳膊。

這是你的小雞雞。

這是你的小腳丫。

## 📖 看繪本的時候

在用繪本學習身體部位時，需要注意選擇自己家庭可以接受的觀念的繪本。

## 🛁 洗澡的時候

孩子從小在洗澡時就可以告訴他。

### 參觀藝術品時

著名性心理學家靄理士在他的經典論著《性心理學》中提出，儘早帶孩子觀摩古希臘的裸體雕塑和文藝復興時期意大利名家的裸體畫像，或其畫冊。

這種方法不是為了進行知識的教育，而是讓孩子對人體養成正確與自然的觀念，從而在將來可以「抵禦低級趣味的裸體作品」。

### 在電視中或者生活中看到動物時

在孩子第一次看到動物的性器官時，可以讓孩子知道，人和動物一樣，都有性器官。

## ? 「我的性好奇心」

　　當嬰兒的手可以自由活動以後，我們會發現他們可能會觸摸自己的生殖器。很多爸爸媽媽為此感到焦慮，到底這樣的行為是不是正常的？父母看到以後要如何應對呢？

## 身體探索是性發展的必要階段

我們在講性發展基本規律時就曾提到，胎兒在子宮內時就會用手觸摸生殖器。跟身體機能的成長相同，性的發育是隨着年齡的增長不斷發展成熟的。

無論是口唇的吸吮，還是泌尿排泄器官的充盈感，都是人對性刺激的一種身體實踐。這是人類成長中必不可少的環節。手部對身體的探索，包括對性器官的探索也是其中重要的一環。

這些探索不僅讓孩子進一步瞭解自己，包括自己的性別識別，而且也是性感受的再次升級。性器官帶來的愉悅感，與口唇吸吮給嬰兒帶來的愉悅感是相似的，正是因為有這樣的快感，一些孩子才會反復去觸摸、體驗。

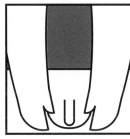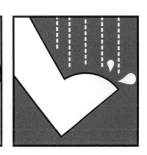

# 不同年齡段給予不同的幫助

一個一歲多的嬰兒摸自己的生殖器，和一個成人在別人面前摸生殖器的意義是完全不同的。對於嬰幼兒來說這是身體的探索，但是對成人來說則有更多性意味。因此，不同年齡段的相似行為也應給予不同的幫助。但無論哪一種幫助，批評的態度和強硬的制止都是不鼓勵的。

## ● 嬰幼兒期（0~2 歲）

排除由於病理或搔癢等原因後，如果孩子在非公共場所摸生殖器，爸爸媽媽可以有以下三種處理方式。

**1** 鼓勵的態度　「噢，你發現了你的陰莖（小雞雞）」

主要針對低齡寶寶剛剛發現自己的性器官的情況。父母這樣做可以幫助孩子認識自己的性器官。

> 噢，你發現了你的小雞雞。

**2** 中立的態度　**不做干涉，讓孩子繼續探索**

**3** 不鼓勵的態度　**給孩子換上尿布，或者轉移其注意力**

　　這三種方式，都沒有通過批評的語言或粗魯的動作強行制止孩子的行為，也**沒有對孩子的行為進行積極或負面的評價。**

　　需要注意的是，在使用第三種方式時，無論父母具體用了哪種方法轉移孩子的注意力，孩子還是會利用其他機會彌補他的探索，這是他成長過程中的本能需求。

## ● 幼兒期（2~3 歲）

每一個孩子對身體探索持續的時間不同，感興趣的程度也不同。有的孩子在 0~2 歲時，偶爾摸一摸生殖器，到了 2 歲以後就不再出現這樣的行為。而有的孩子卻對此非常感興趣。

當可以獨立行走，開始了更多的戶外活動，同時也更能理解成人的語言以後，如果孩子仍然喜歡摸生殖器，那麼一定要讓他知道，這樣的行為不能在公共場所進行。

對這個年齡段的孩子，爸爸媽媽不需要進行過多的解釋，包括到底甚麼是隱私，也不需要展開太過複雜的講解（因為還不能很好地理解），只需要儘早告訴孩子：

### ❶ 不要在公共場所觸摸生殖器（其他人看到會不舒服）

要注意語氣平和，而且不要在公開場合當眾對孩子說。

不要在公共場所摸，其他人看到可能會不舒服。
公共場所就是有其他人活動的地方。

### ② **明確指出哪些是私人區域**

即使在家中，也需要具體指出私人區域是哪裏。因為家裏也有公共區域。

我們一方面想讓孩子對性保持一種非負面的、健康的態度，但另一方面，卻又要告訴孩子關於性的一些行為是私密行為。這聽上去似乎有些矛盾。這是因為我們頭腦中常常會將私密與「偷偷的」聯繫起來，「偷偷的」又帶有一些負面的意味。

然而，正因為人類文明的建立，性行為才成為了一種私密的行為。這是對原始慾望的約束，也是對性行為的限制。這種觀念是隨着人類道德倫理進步逐漸形成的。

### 可以給孩子穿開襠褲嗎？

很多老人喜歡在夏天給孩子穿開襠褲，主要有兩個理由：一是涼快，夏天不容易起痱子；二是隨時可以大小便，節省紙尿褲。在有些地方，即使在冬天父母也會給孩子穿厚厚的開襠褲。

不過，穿開襠褲也有不少缺點。

最容易想到的是**不衛生**。這個年齡段的孩子可能隨時坐在地上，光着的小屁股直接接觸地面。如果清洗不及時、不徹底，容易造成生殖器的感染。不過髒了至少可以洗乾淨，這並不是穿開襠褲最主要的問題。

穿開襠褲主要有以下兩個缺點。

**➊ 隨時隨地大小便不利於孩子隱私意識的形成**

　　孩子的隱私教育是滲透在生活中的行為教育。有些孩子到了2歲仍然喜歡在其他人面前特意暴露生殖器，很可能因為他在穿開襠褲時，生殖器隨時暴露，一些成人用生殖器來和孩子開玩笑，以此為樂，孩子被這些玩笑模糊了隱私的界限。

看呀！我的小雞雞。

很多孩子穿了開襠褲最終也會逐步建立起隱私意識。那是因為隨着年齡增長，他們還會通過其他途徑來學習與彌補。

男孩去男廁所，
女孩去女廁所。

當孩子能夠控制大小便後，家長一般不會再給他們穿開襠褲；孩子上幼兒園以後，老師也會教小朋友不要隨地大小便。因此，雖然穿開襠褲不利於隱私意識的形成，但一般情況下，也不會對此造成完全的阻礙。孩子到了一定年齡，逐漸產生的羞恥感也會讓他們拒絕繼續穿開襠褲。

不過，穿開襠褲的第二個缺點卻是無法迴避的問題。

### ② 穿開襠褲給性侵犯者可乘之機

性侵犯者具有隱蔽性，我們很難馬上識別出隱匿於孩子周圍的性侵犯者。性器官的暴露會讓性侵犯者更容易下手。

所以，最好給孩子穿紙尿褲，天熱的時候勤換紙尿褲。如果因為某些原因必須給孩子穿開襠褲，儘量選擇有遮蓋設計的衣服，同時注意身體衛生，以及不要讓任何人用生殖器官與孩子開玩笑，甚至接觸孩子的生殖器官。

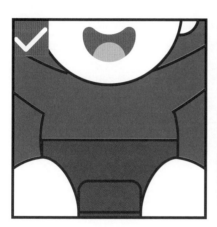 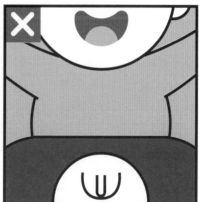

### 男孩陰莖勃起是性早熟嗎？

陰莖的勃起不只是對性刺激的回應，觸摸、摩擦生殖器，想要小便等都能使得陰莖勃起。男性胎兒在子宮裏就能被觀察到陰莖勃起。因此，父母不要將陰莖勃起與性感覺完全掛鉤。這只是男孩的一種生理機能。

孩子在進行身體探索時，可能會因為觸摸引起陰莖勃起，甚至體會到性快感。這與成人的自慰不同。孩子的自慰是一種自體的享樂行為（自己和自己玩），而成人的自慰則是建立在有性對象或性幻想的基礎上的。

　　依戀關係是兒童性發展過程中重要的關係，影響性心理的健康發展。因此在本章介紹 0~3 歲性教育的內容中，把依戀關係的建立放在最重要的位置。

　　3 歲前的性教育主要通過孩子的自我探索與父母在生活中的適當引導共同進行。這也是父母容易忽略或誤解的一個階段。

# 5

## 好奇心寶寶的性問題

### 3~6 歲

## ❓ 如何回答「我從哪裏來」

　　「我從哪裏來」是學齡前兒童最常問到的問題。我們在《性教育順利進行的三個技巧》一節曾以 3 歲孩子為例講過，回答這個問題時，一定要明確孩子的問題到底是甚麼，並根據孩子的認知程度選擇適合孩子的表達方式及內容深度。下面我們來具體學習針對不同年齡段孩子如何回答這個問題。

## 三步回答「我從哪裏來」

### STEP 1：確定孩子的問題是甚麼

　　「我從哪裏來」其實包含了好幾種意思，首先要確定孩子問的到底是哪一個問題。所以，需要認真聽孩子講話，不要一聽到這個問題就慌張不已。

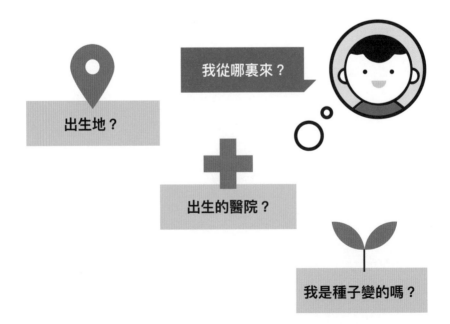

我從哪裏來？

出生地？

出生的醫院？

我是種子變的嗎？

### STEP 2：啟發更多信息

　　除了問題本身，你也許會好奇孩子為甚麼問這個問題。他們是因為看到甚麼或者聽到甚麼嗎？爸爸媽媽之所以是最好的性教育啟蒙老師，正是因為父母可以在與孩子關於性的交談中，讓彼此之間更加瞭解。回答孩子的問題不是一件嚴肅的任務，與孩子愉快地溝通與給出問題的答案更重要。**或許這個問題背後的故事更值得去關注。**因此，可以先像下面這樣反問一下孩子，得到更多信息。孩子的回答可以幫助父母準確回答他們的疑問。

你為甚麼想到問這個問題？

我不太明白，你的意思是⋯⋯？

你是想問⋯⋯？

你覺得呢？

我看到了一隻小鳥。

我同學說他是撿來的。我很害怕。

我是不是從媽媽肚子裏出來的？

媽媽會不會疼？

### STEP 3：用孩子聽得懂的語言回答，並觀察孩子的反應

要一邊回答一邊觀察孩子的反應，一點點回答孩子的問題。只要能滿足他當前的疑問就可以了，不要試圖長篇大論去解釋。性教育與其他學科教育不同，講述過多會讓孩子陷入無法理解的混亂之中。

孩子在不同成長階段會有不同的困惑，這些困惑產生於對生活的觀察與思考。每一階段的困惑解決了，會向下一步發展，並產生新的困惑，這是循序漸進的過程。因此，不要提前喚醒他們，以免產生更多困惑。

在依戀關係建立良好的情況下，孩子會放心地向父母提問。非安全型的依戀關係尤其是迴避型依戀關係中，孩子即使有疑問也可能不願向父母提出。

無論是否提出問題，一旦問題產生，若藏在心中無法解答，就會一直困擾着孩子。所以，父母不僅要回答孩子問題的表面疑問，也要關注和瞭解孩子對這一問題的理解程度。

## 按照大概年齡劃分的回答舉例

**3 歲前**

我從哪裏來？

你是從媽媽肚子裏來的。
（手指向大概位置）

**3 歲到 6 歲**

我從肚子的哪裏來的？

媽媽肚子裏有個地方叫子宮，你是從子宮裏來的。

我餓了怎麼辦？

媽媽吃了東西變成營養，會通過血液餵給你。

我是怎麼出來的？

媽媽身體裏有一個生命通道和子宮連接，你是從生命通道出來的。

**1** 大概位置 →

**2** 具體位置 →

**3** 生長過程 →

**4** 出生過程

　　如果此時孩子再進一步，要看生命通道的樣子，可以和孩子一起看有相關內容的繪本。一起閱讀的同時要強調這是媽媽的隱私，並不希望被其他人看到。

**6 歲到青春期**

爸爸有子宮嗎？

只有女生有子宮，但是爸爸也起到重要作用。

我是怎麼到子宮裏的？
（爸爸有甚麼用？）

媽媽身體裏有卵細胞，爸爸身體裏有精子細胞，爸爸和媽媽相愛，爸爸把精子細胞送到媽媽子宮裏，卵細胞和精子一見面，就變成了小小的你。

爸爸怎樣把精子細胞送到媽媽的子宮裏？

爸爸有陰莖，媽媽有陰道，爸爸把陰莖放入媽媽的陰道，精子從陰莖出來射入到子宮裏。

**5 進入過程**

隨着孩子年齡增長、孩子的問題逐漸深入，父母對「我從哪裏來」相關問題的回答也層層遞進。

若孩子繼續提出要看陰莖如何放入陰道，可以一起看相關圖書。📖

但如果這個年紀的孩子提出看爸爸媽媽如何「操作」，父母需要想一想學齡前的隱私教育是否沒有強調到位。孩子的這個要求要拒絕，因為這是爸爸媽媽的隱私。

入學後，孩子還需要繼續系統接受性教育，尤其是青春期前關於身體的改變，以及關於性器官等更具體的知識。

學齡前性教育的啟蒙會成為入學後性教育的重要基礎。

## 孩子都是哲學家

「我是誰」「我從哪裏來」是孩子在 6 歲之前需要解決的重要問題。隨着年齡的增長，人們再一次對這個問題感到困惑，就要到青春期，又或是成年飽經風霜之後。

這個問題是一個人兒時在心中種下的種子。如何看待自己，如何看待自己與世界的關係，以及將如何看待這個世界，都要從回答這個問題開始。

孩子通過生活來理解世界，得到非常樸素的認知。所以他們在理解「我從哪裏來」這個問題時，總是根據現實經驗來得出。

孩子的理解與思考能力也隨着對這一問題的理解不斷深入發展。

如果爸爸媽媽在回答這些問題時故意給出錯誤的答案，那麼當孩子通過觀察與思考發現矛盾時，疑惑會困擾孩子，進而阻礙他們心智的發展。

## 「我從哪裏來」的「可教時刻」

一些孩子雖然從來沒有直接問過這個問題，但他們在頭腦中也一定思考過這個問題。父母可以通過以下時刻，瞭解孩子對這一問題的認知程度。

你知道小動物是從哪裏來的嗎？

當在動物園或者電視裏看到生產的動物或者懷孕的人時，如果發現孩子對眼前的情況感興趣，便可以自然地問他：「你知道小動物（小寶寶）是從哪裏來的嗎？」

而後，父母可以根據孩子的回答來判斷他們的認知情況，選擇繼續還是終止這個話題。P121頁是根據孩子的三種回答給予的建議。

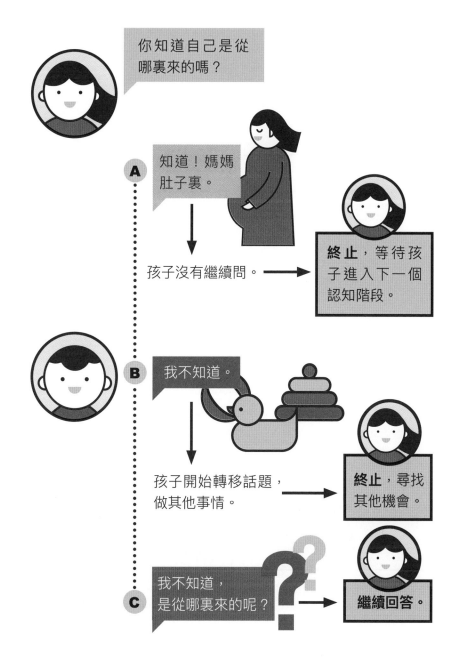

**選擇適合孩子的「生命」繪本**

在回答孩子的問題時，可以和孩子一起閱讀相關繪本，但要注意繪本內容的深度層次，選擇適合自己孩子認知水平的繪本。

下面大致給出關於「我從哪裏來」的 5 個深度層次的劃分。

內容深度只涉及到「從肚子裏來」的繪本。這類繪本一般更多強調孩子是爸爸媽媽相愛的結果，所以內容最好充滿詩意的美感。這是孩子對生命認知的基調。

內容深度涉及媽媽的子宮。由「肚子」到「子宮」，概念上更進一步。

**3**

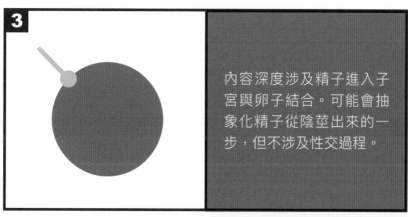

內容深度涉及精子進入子宮與卵子結合。可能會抽象化精子從陰莖出來的一步，但不涉及性交過程。

**4**

內容深度涉及陰莖進入陰道的過程，要強調爸爸媽媽相愛的前提。一般這個程度的繪本或圖書在小學以後才會用到。

**5**

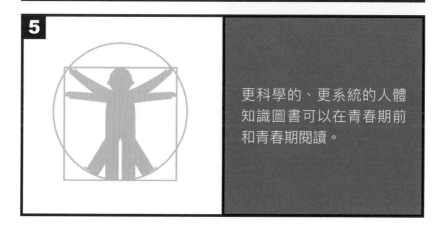

更科學的、更系統的人體知識圖書可以在青春期前和青春期閱讀。

## 「我們長得不一樣」

在 3~6 歲，隨着孩子對身體探索的好奇心不斷增加，他們將不只在自己身上探索，還會開始將好奇心轉移到其他人身上。

這時的好奇心主要表現在兩個方面：一是自身的性感受，比如觸摸自己的性器官、自慰；二是開始注意不同性別之間的區別，進行自己性別的識別。「我是男孩」、「我是女孩」的認識逐漸建立起來。

此時在進行性別教育的同時，也要強調隱私教育。

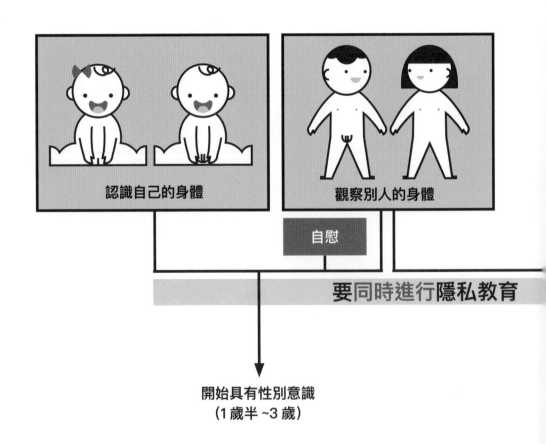

認識自己的身體

觀察別人的身體

自慰

要同時進行**隱私教育**

開始具有性別意識
（1歲半～3歲）

偷看洗澡

摸媽媽乳房

看小朋友上廁所

**所有這些行為都是正常的。**
我們既要滿足孩子的好奇心，又要做好隱私教育。不同年齡的隱私教育也是不同的，關鍵是要用孩子能夠理解的方式來告訴孩子隱私的概念。

隱私觀念的建立

形成兒童期的性別意識
（3~6歲）

# 性別教育的「可教時刻」

好奇心促使孩子觸摸自己和觀察別人,漸漸發現男女性別的存在。此時就是性別教育的「可教時刻」。在進行性別教育的同時,最好同時進行隱私教育。但是,隱私教育並不一定要提到「隱私」兩個字,除非你的孩子已經能夠理解這兩個字的意思。

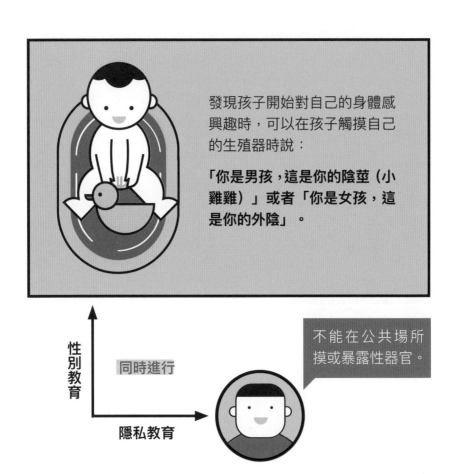

發現孩子開始對自己的身體感興趣時,可以在孩子觸摸自己的生殖器時說:

**「你是男孩,這是你的陰莖(小雞雞)」或者「你是女孩,這是你的外陰」。**

性別教育

同時進行

隱私教育

不能在公共場所摸或暴露性器官。

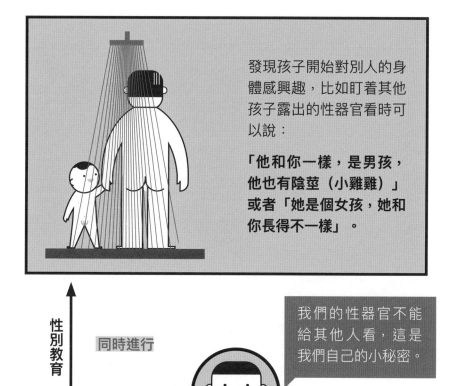

發現孩子開始對別人的身體感興趣，比如盯着其他孩子露出的性器官看時可以說：

**「他和你一樣，是男孩，他也有陰莖（小雞雞）」或者「她是個女孩，她和你長得不一樣」。**

性別教育

同時進行

隱私教育

我們的性器官不能給其他人看，這是我們自己的小秘密。

### 女孩的小雞雞在哪裏？

有的爸爸媽媽被孩子問到這個問題時不知道要怎樣回答。我們可以看看不同的回答方法分別會有怎樣的影響。

**「女孩沒有小雞雞。」**

在孩子的頭腦中，「沒有」意味着缺失，是不好的事情。自己有女孩沒有，男孩會有心理上的優越感，同理，女孩也會產生自卑感。

女孩沒有小雞雞。

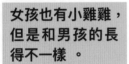

女孩也有小雞雞，但是和男孩的長得不一樣。

**「女孩也有小雞雞，但是和男孩的長得不一樣。」**

這樣回答，無論男孩還是女孩，都不會產生不平等的感覺。如果男孩繼續追問，女孩的小雞雞在哪裏？可以這樣回答：「女孩的小雞雞長在裏面。」

**在回答孩子這類問題時，原則是要實事求是。如果孩子是求證式的提問，父母只要回答是或不是即可，不用過多解釋。如果孩子問的是開放式問題，則只要回答到滿足當前疑問就好。**

像「女孩是否有小雞雞」這樣的問題，回答有或沒有本質上都沒有錯誤，但卻反映了長久以來社會文化下人們對男女平等的看法。這是性價值觀的體現，需要爸爸媽媽格外注意。

### 為甚麼孩子會偷看異性家長洗澡？

洗澡是很好的「可教時刻」，是讓孩子充分瞭解異性身體，從而瞭解自己的好時機。

有的孩子可能從來都沒有和異性家長一起洗過澡，或者在分開洗澡之前，沒有關注過異性家長或其他異性的身體。孩子對異性的好奇心沒有得到完全滿足，所以才會偷看。

孩子的好奇心愈早滿足愈好，只有好奇心得到充分滿足後孩子才會轉移他的興趣。

如果孩子年齡較大，爸爸或者媽媽覺得過於尷尬，可以嘗試使用有關人體器官的繪本幫助孩子瞭解相關內容。孩子的好奇心是否得到真正的滿足，還需要通過日後的觀察來判斷。

### 孩子要看父母的生殖器怎麼辦？

孩子在洗澡時提出這樣的要求是很自然的事情。尤其在媽媽回答男孩「女孩也有小雞雞」時，有些男孩會進一步要求看看媽媽生殖器。

女孩可以很直觀地看到爸爸的生殖器，但是男孩看媽媽的生殖器卻沒有那麼「方便」。此時媽媽不要慌張，因為女性的生殖器本身也不是一個像陰莖一樣可以明顯看到的部位；所以只要告訴孩子：因為女孩的小雞雞不是長出來的，所以很難看到，不過我們可以一起看看繪本。

如果 6 歲前的孩子仍舊要求要看媽媽的「小雞雞」，且媽媽沒有心理障礙（感到十分尷尬）的情況下，可以在洗澡的時候讓孩子看，但同時務必強調，只能看一次，這是媽媽的秘密部位。

**孩子可以與異性家長洗澡到幾歲？**

若父母與孩子一起洗澡感到不自在，就不要在一起洗澡了。

爸爸媽媽從來不會因為和嬰兒一起洗澡而感到尷尬。在父母眼中，嬰兒就像洋娃娃一樣，無關性別。不過，孩子慢慢長大，懂得愈來愈多，當他們的目光慢慢開始集中在父母，尤其是異性家長的身體上時，就是要開始逐漸分開洗澡的信號。尤其是**當孩子的「學習」需求得到滿足後，孩子與異性家長就要分開洗澡了。**

在父母與孩子一起洗澡這件事上，可以分為兩種情況，它們各有優缺點：

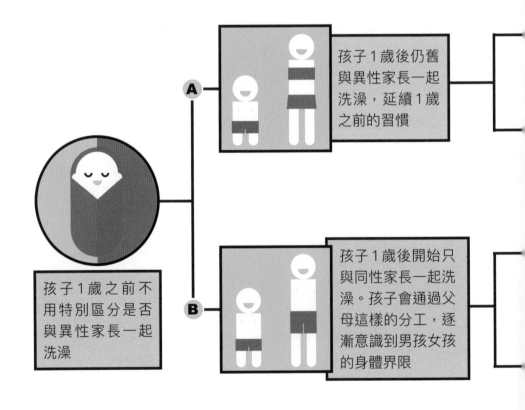

孩子1歲之前不用特別區分是否與異性家長一起洗澡

**A** 孩子1歲後仍舊與異性家長一起洗澡，延續1歲之前的習慣

**B** 孩子1歲後開始只與同性家長一起洗澡。孩子會通過父母這樣的分工，逐漸意識到男孩女孩的身體界限

　　異性家長何時退出給孩子洗澡的舞台，要根據家裏實際情況來考慮。無論早晚，都各有優劣。父母需要不斷關注孩子的成長，才能做出最適合自己家庭的選擇。

　　此外，即使是同性家長在與孩子洗澡時，也要循序漸進地教給孩子如何自己洗澡，**尤其是如何清洗生殖器。**這點很多父母都要注意，個人衛生也是性教育中必不可少的一部分。

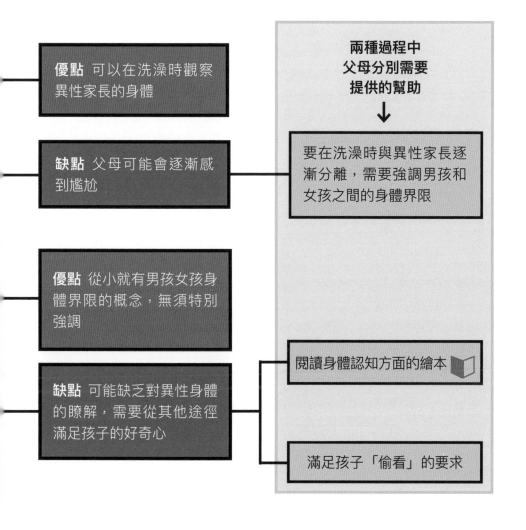

**優點** 可以在洗澡時觀察異性家長的身體

**缺點** 父母可能會逐漸感到尷尬

**優點** 從小就有男孩女孩身體界限的概念，無須特別強調

**缺點** 可能缺乏對異性身體的瞭解，需要從其他途徑滿足孩子的好奇心

**兩種過程中父母分別需要提供的幫助**
↓

要在洗澡時與異性家長逐漸分離，需要強調男孩和女孩之間的身體界限

閱讀身體認知方面的繪本

滿足孩子「偷看」的要求

## 幼兒園廁所要男女分開嗎？

曾經有位媽媽非常苦惱，孩子上幼兒園之前，她給孩子進行隱私教育時和孩子強調上廁所男女要分開。然而上幼兒園以後，孩子回家對她說，為甚麼幼兒園的廁所男女是不分開的？

幼兒園的廁所不做隔斷與性別區分，主要是因為空間有限，以及出於安全的考慮。

我們在做隱私教育的時候，要考慮到實際情況，選擇適合自身情況的方式和內容。

如果堅持強調廁所男女分開，那麼在孩子入學之前，父母就要對幼兒園進行實際考察，選擇廁所男女分開的幼兒園；或者和幼兒園老師溝通，尋找可以共同解決的方法。

不過，一般孩子 3 歲左右入學，這個年齡的孩子若有觀察異性身體的需求，幼兒園的廁所會是非常自然的觀察場所。從幼班到大班的 3 年裏，我們可以強調身體的隱私部位，但不去強調幼兒園的廁所如何，只在有條件的環境下再告訴孩子男女廁所是分開的。

孩子對身體的好奇心得到滿足，性別意識建立起來，隱私意識也會同時建立，這是一個逐漸、同時成長的過程。所以在進入小學以後，孩子都會知道上廁所時男女是分開的。

## 上廁所時的性教育過渡

**1**

幼兒園上廁所時偷偷觀察其他小朋友。

**2**

在家裏上廁所逐漸獨立，比如關上廁所門。

**3**

在公共場所廁所男女分開，建立性別意識。

# 兒童性教育繪本的選擇

我們除了在「可教時刻」幫助孩子認識人體器官的區別，瞭解男生和女生的不同以外，還可以進一步和孩子一起閱讀相關內容的繪本，以彌補孩子自己觀察時的不足。

不過在選擇性教育繪本時要注意以下問題。

---

**香港出版的兒童性教育繪本在使用時可能存在三個問題：**

1、 引進版的繪本，其性價值觀和香港或自己家庭的情況不完全一致，書中有些做法並不適用。因此，要選擇適合自己家庭情況的繪本。

2、大部分性教育（故事）繪本一般沒有按年齡細分的使用指導，即使有，不同的孩子實際發展情況也不同，所以父母首先要瞭解自己孩子的情況，不要急於給孩子閱讀可能造成困擾的性教育繪本。

3、有些繪本因為出版時間比較早，知識點沒有更新，存在錯誤。

---

由此可見，父母不能完全依賴於繪本進行性教育。繪本只是輔助的閱讀材料，家庭性教育的老師是爸爸媽媽。選好閱讀材料是父母自己應做好的功課。

因此，爸爸媽媽在選擇繪本時，先要自己閱讀，瞭解書中具體講了哪些內容，講到甚麼程度。**然後根據孩子的實際需求與認知程度，有選擇或者有刪改地進行閱讀。**

# 「我們不一樣」，僅僅是性別嗎？

　　孩子在成長過程中，會認識到性別的不同，也會發現世界上很多事情都和自己見到的情況不一樣。父母可以在生活中幫助孩子打開視野，用更開闊的心態認識世界。

**世界上有不同膚色的小朋友**

**有的小朋友雖然不擅長畫畫，但是唱歌很好聽**

**有的小朋友好像身體不太好**

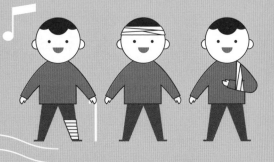

我們不一樣，我們都很棒！

**有的小朋友家裏只有媽媽**

# *8* 「我的性遊戲」

下面的圖表對兒童性遊戲進行了總結，並給出了對應的解決方法。

**單獨進行**

自體享受的性活動（自慰）。只是基於對自身性感受的喜好。

具有性對象的自慰。性感受基於其他人或物，如觸摸媽媽乳房自慰等。

**幾個人共同進行**

性別角色扮演的遊戲。體會不同性別的社會角色。如扮演爸爸媽媽，或者醫生護士等。

探索性器官的遊戲。如孩子們互相觀看、觸摸性器官。

傷害性的性遊戲。對孩子的身體具有傷害性，比如有對性器官的插入動作等。

一些父母在看到孩子進行性行為（性活動）時會十分恐慌，認為這是孩子性早熟的表現。但孩子的性行為大都與成人的不同，很多仍舊是一種性探索的自體行為。孩子通過這種遊戲式的探索，會更加瞭解自己，進行性別識別。

強調隱私行為，注意不要過於頻繁，可以通過運動等轉移孩子注意力。

強調隱私行為，注意不要過多，可以通過運動等轉移孩子注意力。

觀察孩子平時的行為，是否有引起性喚醒的事件發生，如看色情網頁等。

正常角色扮演的遊戲不用擔心，這是孩子性別識別與社會認知的環節。

如果只是出於對其他人身體好奇的觀察或觸摸，不要擔心。

但是滿足好奇以後，還要強調隱私教育。

確保遊戲中的孩子不離開父母的視線。

要及時制止這類遊戲。進行隱私教育，但注意不要用批評的態度。

調查孩子的行為來源。

本章小結

　　3歲以後，隨着孩子行動能力、認知能力的增強，以及逐漸參與到社會活動中（幼兒園），孩子的性教育將主要圍繞回答「我從哪裏來」、「男孩女孩不一樣」等問題，以及孩子的性遊戲來進行。（預防性侵犯教育在第6章講述。）性教育過程中需要父母掌握選擇繪本等閱讀材料的能力。

# 6

# 勇敢說「不」
# 遠離兒童性侵犯

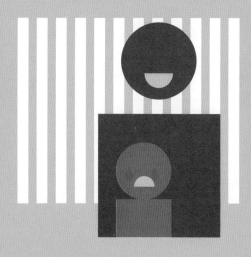

# 遠離兒童性侵犯是全家的事

　　隨着愈來愈多關於兒童性侵犯事件的報道，爸爸媽媽開始重視預防兒童性侵犯的教育。但是，焦慮的父母常常將教育重點放在技能教育上，卻從未考慮過兒童是否有足夠的能力使用這些技能。過度的、不恰當的教育可能會讓兒童對社會交往產生恐懼感。

**父母強調過度……**

看了這麼多書學會怎樣做了嗎？

壞人太多我害怕。

**父母語言誘導……**

你身上的傷怎麼回事？是不是幼兒園裏被打的？

摔倒的。

　　在面對性侵犯者時，孩子永遠是弱勢一方，期待通過對孩子進行訓練來完全避免性侵犯的發生，是不切實際的。父母需要更多地瞭解性侵犯，努力做到及時預防，避免讓孩子處於危險的環境之中。

# 預防性侵犯不僅僅是教導孩子……

**爸爸媽媽自己要知道的事**

甚麼是兒童性侵犯
甚麼是兒童性侵犯行為
性侵犯者都是怎樣的人
性侵犯者都有哪些常用手段
讓孩子說「不」的心理基礎

**爸爸媽媽應該自己做到的事**

健康家庭環境的營造

**爸爸媽媽要讓孩子知道的事**

甚麼是隱私部位
甚麼是身體的界限
對不願意的事情要勇敢說「不」
有任何事情都要告訴爸爸媽媽

## ❗ 爸爸媽媽應該知道的事

　　在爸爸媽媽急於按照網絡影片或繪本給孩子進行性侵犯教育之前，首先應該先明白到底甚麼是兒童性侵犯。

## 甚麼是兒童性侵犯

　　根據《聯合國兒童權利公約》，兒童是指18歲以下的任何人，包括人們平常所說的「兒童」和「青少年」。

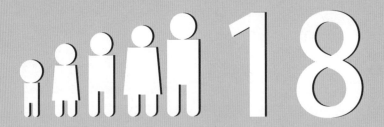

世界衛生組織（WHO）對於「兒童性侵犯」的定義是：

**使尚未發育成熟的兒童參與其不能完全理解，或無法表達知情同意，或違犯法律，或觸犯社會禁忌的性活動。**

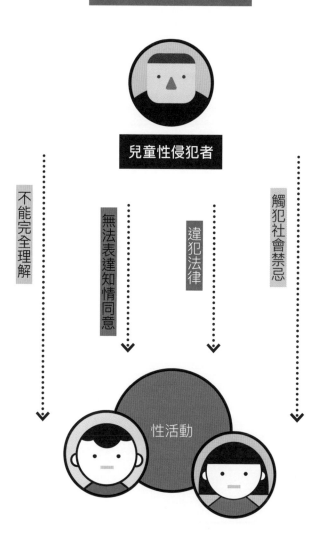

在這個定義中，幾個「或」字所代表的情況最終全部指向「性活動」。到底甚麼是性活動？只有帶來身體傷害的才是性活動嗎？

## 這些都是性侵犯

我們常常聽到的關於性侵犯的報道，一般都是情節比較嚴重的，比如對兒童身體造成可見損傷的性侵犯。然而，除了造成直接傷害的行為以外，還有很多容易被父母忽略的行為都屬性侵犯行為，所以尤其需要注意。

**身體直接接觸的性侵犯**常常發生在一些私人場所，或一些隱蔽角落。又因為這種性侵犯大多發生在熟人之間，所以父母要儘量確保孩子在可視範圍內，或者由可信賴的人看護。

**身體接觸的性侵犯**

◀ 觸摸或親吻兒童的隱私部位

強迫兒童性交易

隱私部位是指內褲、背心遮蓋的身體部位，特別是生殖器（女孩的會陰，男孩的陰莖或睪丸）、肛門、乳房等處。

與兒童玩性遊戲比如「脫褲子」

女孩的隱私部位 ■

把物品等放入兒童隱私部位

男孩的隱私部位 ■

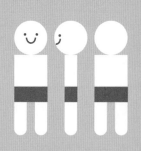

讓兒童觸摸別人的隱私部位

強迫兒童與動物進行性活動

145

非身體接觸的性侵犯

偷看兒童洗澡、上廁所、換衣服

向兒童暴露生殖器

給爸爸媽媽的兒童性教育指導書

給兒童拍裸體照

- 要求兒童暴露生殖器。

- 鼓動或強迫兒童自慰或觀看別人自慰。

- 鼓動兒童露體或做性動作。

- 鼓動兒童做出性行為。

- 讓兒童與別人性交往。

- 引誘或強迫兒童觀看或製作色情圖片、書刊或音像。

- 對兒童做出有性含義的體態。

- 引誘或強迫兒童觀看成人的性活動，包括在現場或用科技手段。

強迫兒童觀看性活動

147

## 通過互聯網進行的性侵犯

互聯網性交往或性活動是通過互聯網對兒童進行非身體接觸的性侵犯。與一般非身體接觸的性侵犯的區別是利用了互聯網來進行。儘管不與性侵犯者面對面,卻能達到同樣的效果。

■ 向兒童傳遞色情圖片和影像。

■ 在線對兒童進行性誘惑。

■ 要求兒童在鏡頭前脫衣服、露體、做出不雅動作,或者把這些過程攝錄下來,製作色情圖片和影像,私自保留或在網上傳播。

■ 利用兒童的色情圖片和影像威脅兒童外出見面,強迫兒童發生性行為,或做出其他的性剝削行為。

世界衛生組織《2014 年全球預防暴力狀況報告》指出：

全球範圍內每 5 名女性中就有 1 名，每 13 名男性中就有 1 名在 18 歲之前受過性侵犯。在某些國家甚至每 3 名女童中有 1 名受性侵犯。

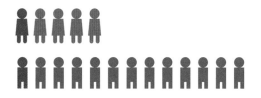

一項對中國 6 省市 6 所普通高校 2508 名大學生的回顧性調查研究結果顯示：24.8% 女生和 17.6% 男生在 6 歲之前經歷過性侵犯。

**男女生 6 歲前經歷性侵犯比例圖**

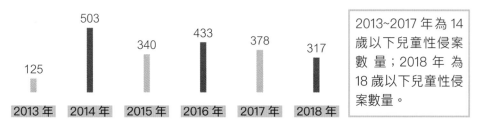

2013~2017 年為 14 歲以下兒童性侵案數量；2018 年為 18 歲以下兒童性侵案數量。

**2013~2018 兒童性侵案數量圖**

中國少年兒童文化藝術基金會女童保護基金發佈的 2018 年報告 * 指出了在 2013 至 2018 年之間媒體公開報道的性侵兒童的案件數量。其中，2018 年媒體公開報道的性侵兒童案件中，女童遭性侵的人數佔比 95.74%，男童遭性侵的人數佔比 4.26%。不過男童的性侵案件更具有隱蔽性。

\* 詳細報告可參閱：http://m.sohu.com/a/298646877_99996733

149

## 性侵犯者是甚麼樣的人

要點 1

# 性侵犯者可能是任何人

很遺憾地說，我們無法僅僅根據身份和外表就識別出性侵犯者。性侵犯者可能看起來是好人，可能是慈善家，也可能是受人尊敬的人，甚至可能是受孩子喜愛的人。「衣冠禽獸」是最適合描述性侵犯者的詞語。因為只有這樣，他們才有機會接近孩子。

男 / 52 歲 / 企業家　　女 / 41 歲 / 家庭主婦

男 / 14 歲 / 初中生　　男 / 64 歲 / 醫生

女 / 29 歲 / 設計師　　女 / 37 歲 / 編輯

要點 2

# 大多數性侵犯者是兒童認識、熟悉或信任的人，甚至就是兒童的家人

因為性侵犯行為具有隱蔽性，所以發生在熟人之間的概率更高。換個角度看，如果父母注意與孩子親近的人，可以幫助降低一半以上性侵犯的風險。

美國社區人口調查結果顯示：

■ 70%~90% 的性侵犯者是兒童認識並信任的人。

■ 其中，30%~40% 的兒童被家人性侵犯。

# 未成年人也會成為性侵犯者，性侵犯者也有可能比被侵犯兒童年齡還小

絕大多數的侵犯者是男性，但是也有女性。

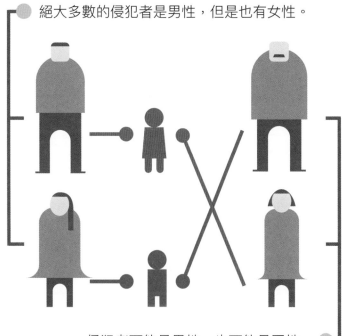

侵犯者可能是異性，也可能是同性。

# 性侵犯者的常用手段

## ● 利誘兒童及其保護者

這類性侵犯者對於兒童和其保護者來說，一般掌握着一定特權，可以給予孩子和其保護者「好處」，從而讓兒童及其保護者放鬆警惕，增加孩子與其單獨接觸的機會。

「好處」不只是像金錢、禮物等物質上的東西，還可能是一些權利，或提供一些幫助與額外照顧。

禮物　　　　　　　　　　　　　金錢

分數　　　　　　　　　　　　　特權

我們從小受到的教育都是不要去惡意揣度別人的好意。但是在我們對對方並不瞭解的時候，讓孩子單獨與其他人在一起勢必要承擔一定的風險。

● **混淆「身體界限」**

　　這類性侵犯者會在家長面前故意但又並不過分地觸碰兒童的非隱私部位（如頭、臉、肩、背等）。這些行為在父母眼裏或許只是對方表示對孩子的喜愛，但卻會讓兒童誤以為家長允許侵犯者任意觸碰自己的身體。

性侵犯者通常會製造各種機會，把兒童與其他人隔離開，讓兒童只能與性侵犯者單獨在一起。

　　不能認為兒童就可以被人隨意觸碰身體，這是我們在以前的教育中非常容易忽視的問題。曾有新聞報道，在車站某男人一邊抱着一個小女孩一邊把手伸進小女孩的衣服肆意觸摸，而小女孩旁邊看似是家人的成人都毫無反應。可見不僅是孩子，很多成人對身體界限也沒有概念。

● **心理操控**

　　很多性侵犯者都讓兒童以為他們說的、做的都非常正確，他們才是好人。如果孩子對身體界限不清楚，或是對成人盲目順從，那麼即使他們感覺不舒服，也會認為是自己的問題。

「大人的世界都是這樣，這樣做是正常的。」
「每個孩子都需要這樣的性教育。」
「相愛的人都會這麼做。」
「所有的爸爸／媽媽都會對自己的孩子做這樣的事。」
「老師這樣做是表示對學生喜愛。」

「性侵犯小孩子是天下最惡劣的事。」

「發生性侵犯是懲罰做錯事的兒童。」

「我需要你來幫幫我，你是我的天使。」

# 以上都可能是性侵犯者對孩子說的話。

● **恐嚇威脅**

性侵犯者可能還會利用武力或威脅，迫使兒童接受性侵犯的行為，並且為其保守秘密。

不是所有的性侵犯行為都會造成可觀察到的身體傷害，即使受到嚴重性侵犯的兒童也可能沒有任何身體症狀。所以家長既應該在平時洗澡、換衣服時注意觀察孩子的身體，又要多與孩子溝通，瞭解孩子在日常生活中發生的事情。

留守兒童是兒童性侵犯案件發生的主要群體之一。這些孩子長期缺乏父母及親人的關注，有些甚至遭到親人的性侵犯。

媒體還曾經報道過補習老師多次性侵犯學生的案件。孩子雖然及時告訴父母，但因為父母不信任孩子的話，在安裝攝錄機後才發現孩子所言不假。家長對孩子的忽視與對某些群體的盲目信任，以及僥倖心理是讓孩子陷入危險的主要原因。

## 爸爸媽媽需警惕的七類人

**1** 有兒童性侵犯前科的人。

**2** 有反常性行為和性觀念的人。

**3** 常看色情書刊或音像製品，收集兒童色情圖片或影片的人。

**4**

經常有意或「無意」地觀察或觸碰孩子身體的人。

**5**

對孩子過分親熱、過分關注的人。

**6**

熱衷於與孩子談論性話題的人。

**7**

經常找藉口單獨和孩子在一起的人。

# 孩子學會說「不」的心理基礎

## ● 簡單服從＝惰性思維

我們的社會文化通常教導孩子要絕對服從成人教導。久而久之一些孩子會變「乖」（一些則會叛逆），但也習慣性地認為成人就是正確的，不能質疑和反抗。

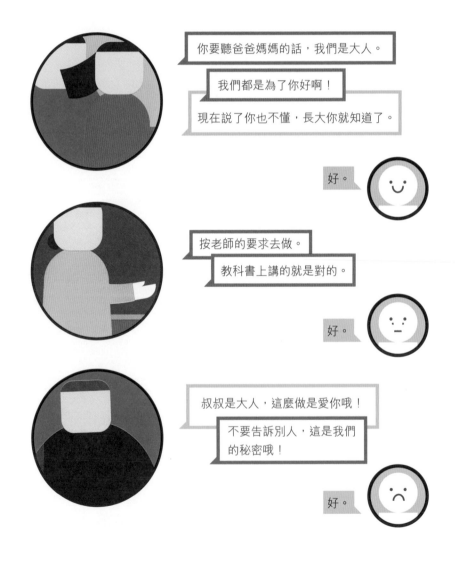

你要聽爸爸媽媽的話，我們是大人。

我們都是為了你好啊！

現在說了你也不懂，長大你就知道了。

好。

按老師的要求去做。

教科書上講的就是對的。

好。

叔叔是大人，這麼做是愛你哦！

不要告訴別人，這是我們的秘密哦！

好。

孩子對成人的簡單服從逐漸成為一種思維模式，從根本上說這是一種惰性思維。家長或教育者不講明道理，急於讓孩子服從自己，也是出於惰性。

成人不願意去說明自己的道理，一方面是因為和孩子講清楚一件事比和成人講更有難度，更需要耐心；另一方面，有時成人自己的邏輯也是混亂的。

因此，**讓孩子學會說「不」的心理基礎是要讓孩子有獨立思考的習慣和選擇的權利。**孩子對成人的話不應是簡單服從，同時成人也要尊重孩子的選擇。家長在與孩子的日常交流中可以強調規則，但不能強調服從，而是應努力讓孩子理解規則。

家庭規則以及社會規則的建立都是為了家庭和社會有序運行。**家長對孩子的要求，應該簡單、科學、合理，**而不是出於父母權威。

只有在這樣的前提下，我們告訴孩子「你可以拒絕別人」時，孩子才有自己能做到的心理基礎。

### ● 控制情緒 ≠ 禁止說「不」

認識情緒，並在合適的場合、用恰當的方式進行情緒的表達是一項很複雜的技能，很多成人都不能完全明白和控制自己的情緒。

人類對情緒的控制能力是一步步逐漸建立起來的。

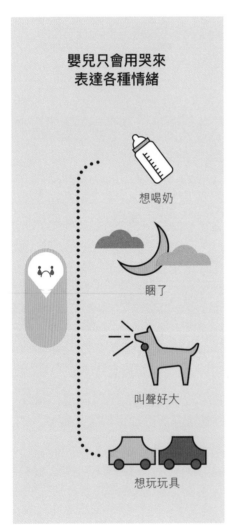

嬰兒只會用哭來
表達各種情緒

想喝奶

睏了

叫聲好大

想玩玩具

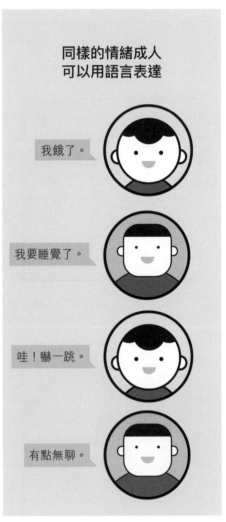

同樣的情緒成人
可以用語言表達

我餓了。

我要睡覺了。

哇！嚇一跳。

有點無聊。

一些家長認為，孩子只要有情緒就是不好的表現。所以在平時的教養中，總是會要求孩子不要發脾氣，要乖巧，要儘早學會情緒控制。但家長的這種要求很容易讓孩子把控制情緒與禁止說「不」畫上等號。

真正的情緒控制是建立在瞭解自己情緒基礎上的。喜悅、憤怒、悲傷、恐懼、孤獨、嫉妒、安心……這些情緒對於孩子來說要慢慢瞭解，需要一定的時間。爸爸媽媽要在孩子成長過程中幫助孩子去認識自己的情緒，而不是一味要求控制情緒。

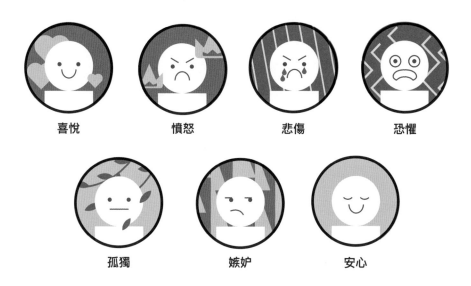

喜悅　　　　　憤怒　　　　　悲傷　　　　　恐懼

孤獨　　　　　嫉妒　　　　　安心

控制情緒 ≠ 禁止說「不」。因為孩子經常在無法達到自己意圖時發脾氣，所以我們常常將這兩者混淆。

**在遇到讓自己不舒服的情況時，敢於表達出來，甚至在被觸摸隱私部位時敢於說「不」，才是正確的表達。**

# ❗ 爸爸媽媽應該做到的事

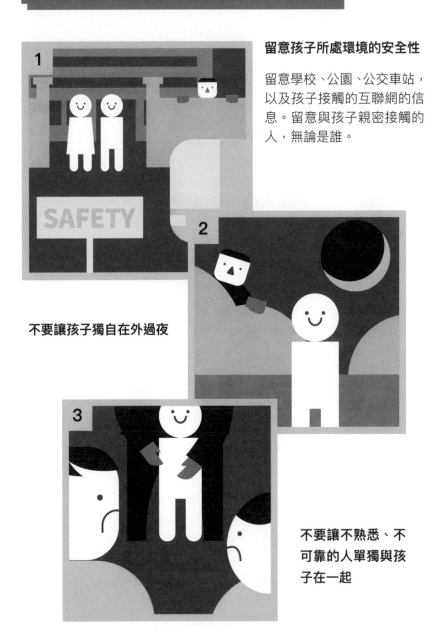

**留意孩子所處環境的安全性**

留意學校、公園、公交車站，以及孩子接觸的互聯網的信息。留意與孩子親密接觸的人，無論是誰。

不要讓孩子獨自在外過夜

不要讓不熟悉、不可靠的人單獨與孩子在一起

### 男女平等，養育孩子是爸爸媽媽共同的責任

男女平等的觀念是通過爸爸媽媽一起承擔家庭責任來體現的，最直接的表現就是，孩子的教養需要父母共同參與。

### 不嘲笑孩子，幫助孩子抵禦外界傷害

永遠不要用孩子的不完美之處嘲笑他，尤其不要用性器官開玩笑。爸爸媽媽要幫助年幼的孩子拒絕令孩子不舒服的行為。

每天都與孩子聊天、玩耍、閱讀，
建立親密的家庭關係

# 兒童遭受性侵犯的識別

### ● 身體傷害的表現

　　儘管性侵犯不一定會造成身體上的傷害，但是當出現以下這些情況時，孩子有可能已經遭受到了性侵犯，父母要耐心詢問並帶孩子到醫院接受進一步檢查。

衣服上有撕裂的痕跡，或有污跡甚至是血跡。要區分孩子摔倒或打架時出現的情況。

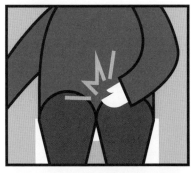

行動出現異常，尤其當行動會觸碰性器官時，比如走路、坐下等。

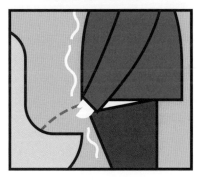

生殖器官、肛門、口腔異常，比如腫脹、出血、排便疼痛等。

由外至內，發生異常

### ● 行為異常的表現

被性侵犯的兒童行為表現與提前性喚醒的一些表現很相似，所以遇到以下這些情況時，需要特別注意，並和孩子進行溝通。

### 過度好奇的行為

無論是畫畫、言語表達還是其他行為上，都表現出對性的過度好奇。

要注意的是，孩子看到色情網頁或者看到父母做愛，也會受到隱性的性侵犯，也可能產生對性的過度好奇。

### 模仿的行為

表現為對其他孩子進行性侵犯。但要區分性遊戲與性侵犯的區別。性遊戲一般是平等自願的，性侵犯是強迫、威脅或誘惑性的。

有些孩子在玩性遊戲時，也會有性活動發生，要及時制止。一部分性侵犯者都有兒時遭受性侵犯的經歷。被性侵犯的兒童有時也會轉向侵犯其他兒童。

### 發展倒退的行為

當孩子受到傷害或驚嚇時，有時會出現行為倒退的現象，比如尿床、吮手、摸性器官等。這些行為大都是兒童性發展過程中經歷過的。但若突然又出現這些現象，需要父母格外重視。

### 其他因怕而生的行為

表現為容易生氣憤怒或哭泣，導致正常的日常生活也出現問題。這說明孩子心中存在深深的恐懼，需要父母及時給予幫助。

# 發現異常時的溝通與處理

## ● 年紀小無法講清楚的孩子

 媽媽現在扮成你，你做動作告訴媽媽傷口是怎麼來的好嗎？

 **預設立場** 你的傷口是不是×××幹的？他是不是這樣做的？是不是？

好。

**緊張** 是……

當年紀小的孩子還無法講清楚自己遇到的事情的時候，可以通過角色扮演的方式（如父母扮演孩子），讓孩子演出當時的情況。

但要注意的是，父母一定不要預先設定立場，誘導孩子做出或說出父母自己的猜測。也不要反復問同樣的問題，父母的焦慮會影響到孩子。當父母的意圖過於明顯時，孩子會產生心理負擔，可能會為了安撫父母說出父母想要的答案。那些認為「孩子說的一定是真的」的父母其實低估了孩子判斷形勢的能力。

如果確認孩子遭受了性侵犯，要確保孩子不再陷入同樣的困境中，並及時報警。

若性侵犯者是 14 歲以下的兒童，其監護人同樣需要承擔責任。受到性侵犯的孩子如果異常行為明顯，要帶他去醫院尋求專業心理醫生的指導。

● **當孩子主動告知時**

要同孩子強調隱私，進行預防性侵犯教育，強調告訴父母是正確的行為。如果再遇到同樣情況，無論對方是誰，一定要堅決說不並且離開。父母要讓孩子避免再次陷入同樣情況，情況嚴重的要及時報警。

對孩子來說，他們認為的好人（如親人、朋友等熟悉的人）若通過哄騙的方式進行性侵犯，孩子往往很難堅決拒絕。所以預防性侵犯的教育需要反復強調。但孩子是弱勢群體，預防性侵犯教育並不能保證完全避免意外的發生，只能最大程度地降低發生的可能性。

## ● 當父母發現孩子之間進行有傷害性的性遊戲時

父母發現孩子們在進行性遊戲，如孩子們脫了褲子互相玩弄小雞雞。

**可以這樣說讓孩子們停止：**

> 你們來吃水果吧！

**然後可以單獨和孩子說：**

> 隱私部位只能自己看。不可以讓自己受傷，也不能傷害到其他人。

　　對於孩子的性遊戲涉及傷害性的性活動行為，父母需要及時巧妙地制止，但不要當眾打罵訓斥孩子，而要與孩子單獨交流，和孩子強調隱私教育，指明這樣的行為是不允許的。如果參與的孩子有攻擊性的性行為，則需要告知他們的父母，他們的孩子可能看到不適宜的內容，甚至遭受過性侵犯。

### ● 當孩子看到父母做愛時

　　讓孩子看色情畫面或影像屬非身體接觸的性侵犯。儘管父母不是故意讓孩子看到父母做愛的場面，但與性侵犯的結果是相似的。而且，由於參與者是父母，所以對孩子的心理影響可能更加複雜。

**原則一：父母不要在與孩子共處同一房間時做愛。**

　　孩子是否睡着，是否會被吵醒，是否會自己醒來，這些都很難判斷。有心理學家認為，即使孩子睡着，父母做愛時的聲音也會隨着潛意識影響到孩子。

**原則二：父母做愛時要把房間門鎖好。**

　　即使孩子與父母不在同一房間，也有可能突然進入父母的房間，因此只要孩子在家，父母做愛時就要將門鎖好。

**原則三：被孩子發現時不要驚慌，更不要大聲呵斥孩子。**

　　被孩子看到做愛場面是父母的失職，不應將怒氣發到孩子身上，加劇孩子的恐懼。

若孩子願意交流，則可以由同性別家長與孩子溝通，瞭解孩子看到甚麼，有甚麼疑問。

若孩子不願意馬上交流，則可以再找機會（如第二天）由同性別家長與孩子溝通。

爸爸，你在欺負媽媽嗎？

回答要點

搞清楚孩子看到甚麼。

爸爸媽媽不是打架，並沒有人受傷。

這是爸爸媽媽之間一種愛的表達方式。

這是爸爸媽媽的隱私活動，如果關着門，進門要敲門。

因為是爸爸媽媽的隱私，所以不要和別人講。

**不要講述性交細節！**

# ✈ 爸爸媽媽應該教給孩子的事

## 瞭解隱私部位

不同年齡有不同的講解深度

要讓孩子從小具備隱私部位的概念，需要從認識器官開始。

在孩子 3 歲以前，不用特別強調「隱私」二字，隱私對於幼兒來說不容易理解，只要在生活中強調不要暴露一些「重要部位」就可以了。

隨着孩子對隱私部位實際意思的理解，可以逐漸告訴孩子這些部位叫作隱私部位。

## 哪些行為不被允許

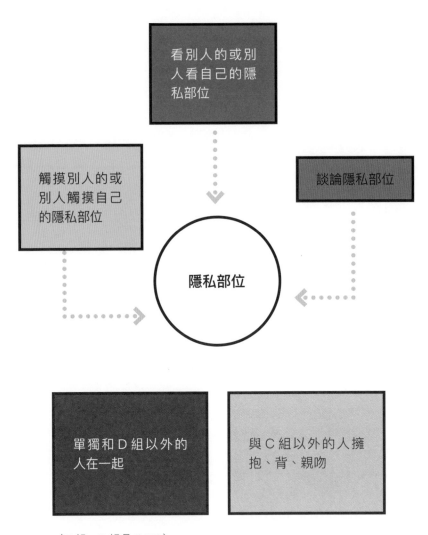

看別人的或別人看自己的隱私部位

觸摸別人的或別人觸摸自己的隱私部位

談論隱私部位

隱私部位

單獨和 D 組以外的人在一起

與 C 組以外的人擁抱、背、親吻

（C 組、D 組見 P178）

# 有哪些例外的情況

以下 4 種情況是例外情況，需要爸爸媽媽和孩子共同討論出 4 組
人名單，分別適用於不同情況。

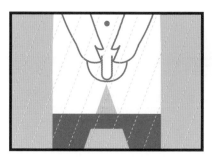 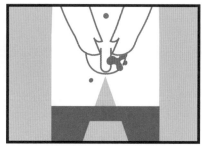

幫助清洗隱私部位的人　　　給隱私部位進行檢查治療的人

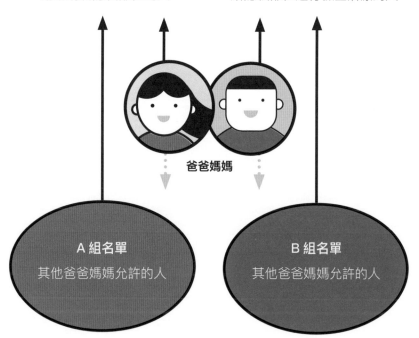

爸爸媽媽

**A 組名單**

其他爸爸媽媽允許的人

**B 組名單**

其他爸爸媽媽允許的人

C 組
爸爸媽媽允許的可以
擁抱、背、親吻的人

D 組
爸爸媽媽允許的可以
單獨在一起的人

**以上四組名單不一定相同**

**在右頁記錄屬於自己孩子的四組名單**

## 遭遇性侵犯時要做的事

1. 說「不行」

NO

2. 儘快離開

3. 告訴爸爸媽媽

　　如果爸爸媽媽不在身邊，告訴身邊的成人自己遭到性侵犯又沒有人相信，則要想辦法繼續告訴其他人，努力尋求幫助。但要記住，**不要與性侵犯者搏鬥。**

A 組名單

B 組名單

C 組名單

D 組名單

## 隱私教育要雙向進行

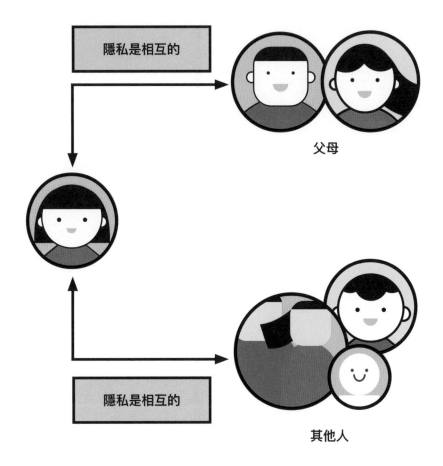

談到隱私教育，我們首先想到的總是如何讓孩子保護自己的隱私部位，卻常常忘記教給孩子，**隱私是相互的，我們也要尊重別人的隱私。**

因為隱私教育做得不完整，很多孩子在與父母相處時不會區分與父母身體的界限；與其他人相處時，雖然懂得保護自己，但卻不懂得尊重他人。因此在性教育中，隱私教育需要雙向進行。

## 他人的隱私也要尊重

不偷看別人的隱私部位。

不在公共場所摸生殖器，不談論和生殖器有關的內容。

和其他人相處（包括父母）要有身體界限。在父母關門換衣服時要敲門。不可以直接掀開爸爸和媽媽的衣服。

## 最後……

　　無論兒童性侵犯事件是怎樣發生、在哪裏發生的，都不是受害兒童的錯，而是性侵犯者的錯。兒童性侵犯事件的全部責任應該由性侵犯者承擔。

　　人們對受害兒童的「另眼相待」——無論是批評諷刺還是過度關心，都是對性侵犯事件的惡性延續。

 你怎麼不反抗啊！

 誰讓你總是這麼晚回家！

 你這輩子可怎麼辦啊！

 我的孩子真是太可憐了！

183

本　章　小　結　　　　兒童性侵犯是父母十分關心的問題。但是預防兒童性侵犯教育的主要教育對象應該是父母。本章主要介紹了關於兒童性侵犯，父母應該知道、應該做到，以及應該教給孩子的事。父母做到位，可以幫助孩子降低一半以上的性侵犯風險。此外，本章還強調了隱私教育的雙向性。

# 7

## 學會解決
## 自家孩子的問題

# ▌兒童性教育其實很簡單

## 為甚麼解決不了自己的問題

　　無論是家庭教育還是具體到兒童性教育，很多爸爸媽媽看過許多書也聽過很多講座，但是當自己遇到問題時，卻仍舊一籌莫展。

為甚麼我學了那麼多還是不能解決自己孩子的問題？

為甚麼看書時好像都懂了，但當實際情況與書中案例稍有不同，就又不知道怎麼辦了？

因為**每個家庭、每個孩子遇到的問題都各有不同**，沒有一本書或一場講座能將所有案例囊括其中。

### 看書學習的方法

| 1 | 不要期待立竿見影的解決方案。 | 理解書中案例的做法，不能生搬硬套地使用。 |
|---|---|---|
| 2 | 當出現任何問題時，要學會首先思考「為甚麼」。 | 為甚麼我的孩子有這樣的情況？是甚麼原因導致這樣的問題？嘗試從根本上解決問題。 |

我們在家庭教育中常常遇到很多「頭痛醫頭」的情況。比如一個 5 歲的小女孩經常哭，一些家長的第一個想法卻是去找讓孩子不哭的繪本給孩子看，而不是先去仔細想一想，為甚麼這個小女孩經常哭。

繪本的確可以幫助孩子理解一些道理，但繪本不是萬能藥，而且即使用藥，也需要對症才行。下面是父母發現孩子經常哭時正確思考並行動的一個示例。

**1** **發現女孩經常哭泣，第一步先進行思考**

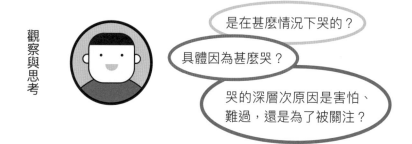

觀察與思考

是在甚麼情況下哭的？

具體因為甚麼哭？

哭的深層次原因是害怕、難過，還是為了被關注？

**2** **注意觀察哭泣發生的情況，與孩子耐心交流，分析哭的具體原因**

溝通與分析

是哪裏不舒服嗎？

有甚麼難過的事情嗎？

爸爸（或媽媽）陪着你會感覺好一些嗎？

孩子的問題經常是家庭問題的反映，但父母卻習慣只在孩子身上找問題。我們一般用「父母有病，孩子吃藥」來形容這種荒唐情況。

不要總是急於「解決」問題。**若總是感到搞不懂自己的孩子，那麼請先想一想，問題是否出在孩子身上？**

## 超簡單理解兒童性教育

兒童性教育並不難。雖然我們用了 6 章的篇幅來詳細講述學齡前的性教育，但所有主要問題都是圍繞著這兩類內容來討論的：

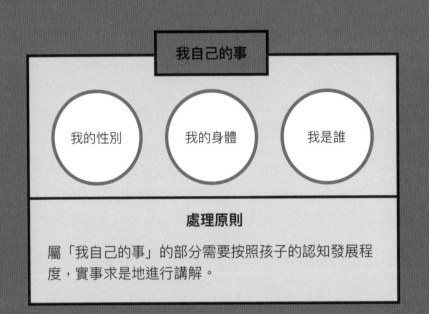

有了上面的劃分方法，我們就可以把大部分兒童性教育的問題通過兩步來分析解決。

① 把問題分類；

② 分別按照這兩類各自的處理原則來解決。

此外，性教育還包括「我與社會的事」，這部分內容更多在小學以後的性教育中凸顯出來。孩子的個體行為會逐漸關係到社會，成為社會行為（如婚前性行為需要承擔的社會責任等）。

雖然本書所講的兒童性教育的啟蒙階段並沒有太多直接涉及這部分的內容，但這個階段也是孩子基本性觀念塑造的關鍵時期。

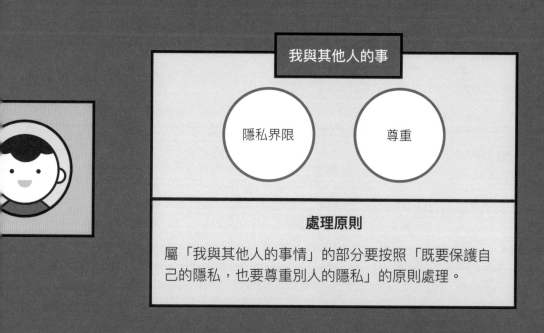

我與其他人的事

隱私界限　　　尊重

**處理原則**

屬「我與其他人的事情」的部分要按照「既要保護自己的隱私，也要尊重別人的隱私」的原則處理。

爸爸媽媽最終會發現，只要反復練習，克服自己對性的心理障礙，那麼把正確的性知識適時適度（用孩子可以理解的語言，不超出他們疑問的程度）地告訴孩子將是一件很容易做到的事情。

按照恰當的性教育的定義（P023），在講述正確的性知識的同時，分享自己健康的性價值觀，並強調人與人之間「雙向」的隱私教育，性教育則會變得簡單而有效。

# 學習拆解具體問題

　　爸爸媽媽之所以難以運用書中所講的內容，一般是因為實際問題比較複雜，需要我們學會把一個複雜的問題分解為我們瞭解的內容，使之成為我們熟悉的知識領域裏的問題。

**1** **小朋友間的「親密接觸」**

3 歲的男孩小明喜歡幼兒園同班女孩小紅，所以親了小紅的臉，小紅的爸爸媽媽要如何處理？

> 　　這件事發生在小明和小紅之間，所以這首先屬「我與其他人的事」，需要考慮隱私界限以及尊重兩個方面。
>
> 　　無論與小紅「親密接觸」的人年紀多大，如果此人不在爸爸媽媽所允許的可以親臉頰的名單（P179）中，爸爸媽媽都需要和小紅討論這個行為是否讓她感到不舒服，是否可以允許小明親臉頰。如果不舒服，小紅要拒絕這個行為。
>
> 　　如果小明偶爾為之的這個行為並沒有讓小紅感到不舒服，爸爸媽媽也要關注孩子之間的關係，如小明是否有持續的或其他升級的行為。

> 　　從「我自己的事情」角度看，親吻臉頰可能還涉及小紅個人衛生（我的身體）的問題。所以爸爸媽媽要考慮幫助或提醒孩子及時清洗。但不要與「親吻是不好的行為」聯繫起來，而是要儘量自然進行。

我們看到小朋友「親臉頰」時其實會想到很多其他內容，這是不是騷擾？這麼「早熟」的行為會不會影響到我的孩子？

不過爸爸媽媽更需要關注的是行為產生的原因以及之後的發展。所以在具體處理這個問題時，父母要多去觀察，並自然平和地給予建議。具體操作時，可以這樣展開討論。

**1 父母看到，但孩子並沒有主動告知時**

觀察孩子們之間的狀態，可以與小紅討論她的想法。

我剛才好像看到小明親你了。

**2 孩子主動告知時**

媽媽，小明剛才親我了。

觀察孩子的情緒後開始討論。

小明親你了啊，你有點開心（或不舒服）？

## 2 如何「對付」愛追問的孩子

5歲左右的男孩小光是一個好奇心很強的孩子，而且非常喜歡提問題。他在看電視節目《動物世界》時，發現昆蟲一上一下地進行交配，馬上問媽媽，是不是人類也是這樣交配？

媽媽並沒有直接回答，而是把話題岔開。她覺得，如果繼續回答，孩子一定會要求看爸爸媽媽是「如何交配」的。

我們在前6章裏講過，孩子的提問需要正面但適度的回答。但是很多父母最擔心的事情其實是孩子的追問。那麼就讓我們一起演習一下這個對答的過程，來看看「尷尬」的問題會出現在哪裏，並且如何解決。

媽媽，人類也是這樣交配嗎？

是的，和人類很相似。

·········· 不是所有小朋友都會接着問 ··········

爸爸媽媽也是這麼交配嗎？

是的，有時這樣。但爸爸媽媽是因為相愛才這樣做的，這點人類和昆蟲不一樣。

強調相愛是性價值觀的體現。

我可以看看爸爸媽媽是怎樣做的嗎？

對人類來說交配是隱私行為，所以爸爸媽媽不能做給你看。但如果你想瞭解更多，我們可以一起看看書。

書籍選擇的方法可參考 P122

對話進行到這裏，我們從「自己的事」（如何交配），又最終回到了「我與其他人的事」（交配是隱私）。

在現代社會的文化認知下，性本身就存在開放和保守的兩面性。我們對待性的態度是開放的，但對性行為的態度又是保守的。正因為存在兩面性，所以在回答孩子的問題時不容易把握尺度。

愈是好奇心強的孩子，愈需要瞭解身體界限及隱私問題。他們的好奇心需要得到正確的引導，而明確告知孩子界限在哪裏並不會熄滅和打擊孩子的好奇心。

如果在孩子 5 歲以前或更早強調其與父母身體的界限，那麼他一般就不會在此時提出要看「爸爸媽媽如何做」這樣的要求。所以，性教育不只是回答幾個問題，而是一種長期的觀念養成的過程。

# 看電影學性教育

電影讓一些故事更直接地展現在我們面前。那些動人的電影總有能引起思考的部分，其中一些討論的是與性教育有關的問題。

**1  反正男孩不吃虧？**

《早熟》：這部由爾冬升執導的電影講述的是，男孩家富（房祖名飾）與女孩若男（薛凱琪飾）在 18 歲時偷吃禁果，女孩因此懷孕。當她偷偷把孩子生下來後，兩個人的人生也都改變了。

一些父母始終對男孩的性教育抱有僥倖心理。他們認為即使發生甚麼意外，男孩也不吃虧。

我們可以把吃虧定義為「打胎」帶來的身體和心理上的傷害。然而，只有女孩會受到影響嗎？男孩當然也一定會受到心理上的譴責。這種心理上的影響是男女雙方都要面對的。

如果把孩子生下來，兩個人結婚就不再有任何問題嗎？

在不具備獨立生活的能力前，生活的壓力會讓兩個人都被迫成長，他們只能共同面對養育的責任，雖然他們也只是孩子。如果生下的孩子由沒有準備好的家庭撫養，家庭教育也會面臨許多問題。早孕事件一旦發生，則不僅是女孩和男孩的事情，更是兩個家庭的事情。所以片中若男在經歷這些後說：「原來浪漫並沒有那麼容易。」

強調延遲初次性行為的時間，並進行安全性行為，這一點不只是有女孩的家庭需要重視，養育男孩的家庭更要告訴孩子：要對自己的行為負責，不要做無法承擔後果的事情。

此外，性侵犯事件發生在男孩身上的案例同樣很多，性侵犯者有男性也有女性。一些性侵犯者兒時也是性侵犯的受害者，因此對男孩的性教育是，既要保護好孩子，也不要讓孩子傷害別人。

## 2　當孩子遭遇「愛情」

《信箋故事》：電影由導演自己的真實經歷改編。詹妮弗在年近 50 歲的時候發現自己在 13 歲時寫的日記。日記中記錄了她記憶中的一段愛情故事。但是當她重新閱讀日記時卻發現，自己的記憶與實際情況出現嚴重偏差，與她「談戀愛」的教練其實一直在對她進行洗腦。教練在誘導詹妮弗與其發生性行為時，給詹妮弗留下巨大心理陰影，但是年幼的詹妮弗仍舊讓自己相信這是因為「愛情」。

我們常常想像的性侵犯大都是有明顯的身體傷害，而且是孩子在被動的情況下發生的。然而事實上，很多性侵犯是在「愛」的名義下包裹進行的。大部分未成年的孩子在對人與事的認知上不成熟，很容易被言語誘導，沒有對自己行為負責的能力（哪怕是很多成年女性，也因為缺乏思考能力而被有目的的人哄騙）。

電影中的詹妮弗就是這樣一步步走入教練設計好的陷阱，逐漸相信教練對她的感情就是愛情。在這一過程中，教練不斷給予自卑的詹妮弗格外關注，並且離間詹妮弗與父母的感情，同時灌輸如「一夫一妻制是扼殺人類本性」等價值觀。

其實教練所做的事情正是父母應該進行的性教育。如果父母在發現詹妮弗自卑時及時地給予情感支持，並且經常與詹妮弗進行關於性價值觀（包括婚姻觀等）的討論，詹妮弗將不會如此輕易地掉入教練的情感陷阱。

電影中詹妮弗也曾在作文中寫過自己與教練的事情，但是老師只做了簡單的回覆。就連詹妮弗的父母其實也曾發現女兒與教練之間似乎不那麼正常，但是過問一句後就拋在了腦後。

這種長期性侵犯的發生，更多責任在於家庭與父母。性教育並不只是知識的教育，而是愛的教育。

# 🕐 6 歲以後的性教育

　　本書的內容主要圍繞 6 歲以前的兒童性教育。這個階段的性教育內容雖然不多，卻非常關鍵，值得用一本書專門去講述。

　　6 歲以後的性教育理論上應由學校與家庭共同完成，因為小學以後的生活逐漸進入社會化狀態。如果學齡前的性教育做得到位，那麼 6 歲以後的性教育會更加順利。至少爸爸媽媽與孩子關於性的溝通沒有障礙，此後也會一如既往地關注孩子的身心成長。

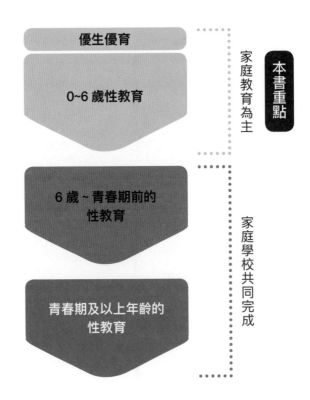

優生優育

0~6 歲性教育

家庭教育為主

本書重點

6 歲～青春期前的性教育

青春期及以上年齡的性教育

家庭學校共同完成

　　**6 歲以後的孩子還會經歷最重要的時期——青春期，所以在此之前我們需要為此做好心理準備。**

　　在 6 歲到青春期前這個階段，性教育課程應該更系統地讓孩子認識自己的身體，並在此基礎上慢慢告訴孩子他們可能已經面對的，或者即將面對的生理上的變化，以及這些變化意味着甚麼。

　　如果爸爸媽媽能夠分享自己是如何度過這個時期的，對孩子將更有幫助，哪怕自己的經歷慌張而愚蠢。

　　電影《小偷家族》中有一段父子關於青春期性教育的對話場景，非常值得爸爸媽媽學習：

　　全家一起去海邊玩時，爸爸阿治看到兒子祥太盯着姐姐亞紀的胸部看，並沒有當面揭穿。而是趁着他們兩個人一起在海裏玩的時候告訴祥太，男人都喜歡胸部，青春期以後男孩的晨勃也是正常現象。祥太的心病因此得到治癒。

在這段對話中，爸爸不僅委婉回答了兒子心中對青春期生長發育的困惑，同時也傳遞了自己的性價值觀。雖然他們沒有嚴肅地討論「性」問題，但卻在生活中很自然地進行了性教育。

隨着孩子慢慢長大，他們需要瞭解的性知識會因為成長而不斷更新，我們也將有機會和他們討論更多複雜的問題，分享更多的性價值觀。我們在第 3 章提到，青春期是一個人形成成年後的性別認同（P52~53）的關鍵時期。這一過程是孩子將自己的價值觀與社會的價值觀相融合的過程，會充滿困惑，所以也需要父母的幫助。在青春期向成人期過渡的日子裏，我們還要在和孩子**強調推遲初次性行為的前提下，普及如何做到安全性行為。**儘管 18 歲在法律意義上已經成人，但如今很多大學生卻常常因為性教育缺乏而做出缺乏常識的事情，比如集體去割包皮，或者對安全套帶有幼稚的偏見。這些都需要父母給予關注。

其實，6 歲前後性教育的基本的理論框架是相似的。**恰當的性教育都是包括這幾個方面：正確的性知識、健康的性價值觀、多樣化的教育手段。**當我們掌握了性教育基本原理，就可以用自己的方式進行兒童性教育。

最後，希望這本書可以幫助爸爸媽媽更加科學地面對本書以外的家庭教育課題。

本章將前 6 章所學內容融會貫通，總結出解決一般性教育問題的「兩步法」。希望幫助父母學會分析問題，並靈活運用本書理論，妥善解決自己孩子的問題。本章最後簡單介紹了 6 歲以後的性教育問題。通過 0~6 歲家庭性教育，父母和孩子都將具有良好的基礎去面對孩子青春期的到來。

# 主要參考書目與資料

1. 本書的理論框架主要依據由聯合國教科文組織（UNESCO）委託編寫、2010 年出版的《國際性教育技術指導綱要》，以及美國早期兒童性教育工作組（Early Childhood Sexuality Education Task Force）1998 年所編寫的 *Right From the Start: Guidelines for Sexuality Issues Birth to Five Years*。這兩份綱要圍繞全面性教育展開。本書依據綱要中的指導原則之一，即根據國情及社會文化，對具體實施部分做了闡述。

2. 本書的心理學理論及實驗部分主要參考《性心理學》（第 8 版）（格雷 · F. 凱利著，2011 年，上海人民出版社）。這本書非常專業且全面地介紹了性心理學，適合對性心理學有更深一步研究需求的讀者閱讀。

3. 本書中關於弗洛伊德的理論部分主要參考《性學三論與愛情心理學》（弗洛伊德著，2013 年，武漢出版社）。

4. 本書中關於兒童親密關係的論述主要參考《兒童心理學》（魯道夫 · 謝弗著，2010 年，電子工業出版社）和《親密關係（第 6 版）》（羅蘭 · 米勒著，2015 年，人民郵電出版社）。前者是一本非常適合作為兒童心理學入門的專業圖書。後者內容本書雖然涵蓋較少，但書中對親密關係有著更加完整和有趣的研究，值得感興趣的讀者深入閱讀。

5. 《善解童貞 1：0~6 歲孩子的性發展與性關懷》（胡萍著，2016 年，江蘇鳳凰科學技術出版社）是一本非常適合大眾讀者閱讀的兒童性教育圖書。該系列圖書共有 5 冊。本書與其最主要的區別有兩方面，一是本書試圖探討各種指導原則的深層次原因，讓讀者理解，並選擇適合自己的方式；二是本書不做過多具體案例的講解，而在最後總結出解決一般問題的基本方法。

6. 《性心理學》（靄理士著，1999 年，商務印書館）雖然翻譯自靄理士 20 世紀 30 年代的著作，但其中的思想在今天看來卻不落後。這本書系統闡述了靄理士的性學觀念，對本書在很多實際操作方面給出了參考。

7. 本書關於性教育尤其是裸體部分的內容參考了《性與社會》（靄理士著，2016 年，商務印書館）。在這本書中靄理士對這個問題有更加系統的闡述。

8. 本書關於離乳部分內容主要參考《愛、罪疚與修復》（梅蘭妮 · 克萊因著，2017 年，九州出版社）。書中對嬰兒心理的成長變化進行了詳細論述，易於理解，並對父母如何幫助孩子給出了指導。

9. 「可教時刻」的概念主要參考了《從尿布到約會（尿布卷）》（黛布拉 · 哈夫納著，2004 年，接力出版社）。這一概念使所有可以用來進行性教育的時刻有了統稱。對具體可教時刻的選擇，本書有自己的詮釋。這本書目前也有新的版本：《從尿布到約會：家長指南之養育性健康的兒童》（黛布拉 · 哈夫納著，2018 年，上海社會科學院出版社）。這本書在個別問題上可能存在與我國文化傳統不太相適應的情況，但總體而言，它可以幫助國內讀者對性教育有全新的認識。

10. 本書第 6 章關於性侵犯的定義及分類部分主要參考了《綜合防治兒童性侵犯專業指南》（龍迪著，2017 年，化學工業出版社）。這是一本主要針對兒童性侵犯防治的專業書籍，內容十分翔實。

11. 「哈洛的代理猴媽媽」實驗部分參考了《心理學之書》（韋德 · E. 皮克倫著，2016 年，重慶大學出版社）。這本書對心理學發展史上的主要事件按照時間順序進行了梳理，是一本不錯的心理學科普書。

12. P135 最後一句「我們不一樣，我們都很棒」出自《金子美鈴童謠集》（金子美鈴著，魏雯譯，2017 年，中信出版社）中的詩歌《我和小鳥和鈴鐺》。音樂人程璧也發行過這首詩的同名音樂專輯，非常好聽。閱讀詩歌，甚至聆聽好聽的歌曲，都可以傳遞一種性價值觀。

13. 《和孩子談談性：2~12 歲性教育讀本》（羅莉‧伯金坎，史蒂夫‧阿特金著，2013 年，中國人口出版社）和《親親孩子談談性》（胡萍著，2013 年，譯林出版社）這兩本書中也有一些具體案例，可以作為父母的閱讀參考。

14. 《漫畫我們的性》（拉里‧戈尼克，克里斯汀‧德弗爾特著，2011年，華夏出版社）用漫畫形式講述性知識，可以作為孩子青春期的性知識讀物，不過更建議對性教育不瞭解的父母先自己閱讀學習。《男孩女孩的第 1 本身體書》（赫立本攝，赫爾姆斯撰文，2015 年，廣東教育出版社）和《女孩指南：動感青春期 50 課》（瑪拉瓦‧易卜拉欣文，西內姆‧埃爾卡什圖，2019 年，甘肅少年兒童出版社）適合作為孩子青春期前及青春期的讀物。德國和英國這類圖書擅長用實物照片做形象化的表達，非常直觀有趣。

15. 紐約時報暢銷書系列：*It's NOT the Stork: A Book about Girls, Boys, Babies, Bodies, Families and Friends; It's So Amazing!: A Book about Eggs, Sperm, Birth, Babies, and Families; It's Perfectly Normal: Changing Bodies, Growing Up, Sex, and Sexual Health.* 這三本書按照讀者年齡進行劃分，用幽默的漫畫形式系統詳細講述了和性教育有關的內容，分別適合 4~7 歲、7 歲至青春期以及青春期以上年齡的孩子閱讀。

每位圖書撰寫者受到的社會文化的影響各不相同，父母在選擇參考圖書時，請務必先自己閱讀，瞭解內容的範圍、深度以及適用性，然後再根據孩子及自己家庭實際情況來使用。

# 給爸爸媽媽的
# 兒童性教育
# 指導書

主編
明白小學堂

責任編輯
周宛媚

美術設計
陳翠賢

排版
辛紅梅　劉葉青

出版者
萬里機構出版有限公司
香港鰂魚涌英皇道1065號東達中心1305室
電話：2564 7511
傳真：2565 5539
電郵：info@wanlibk.com
網址：http://www.wanlibk.com
　　　 http://www.facebook.com/wanlibk

發行者
香港聯合書刊物流有限公司
香港新界大埔汀麗路36號
中華商務印刷大廈3字樓
電話：2150 2100
傳真：2407 3062
電郵：info@suplogistics.com.hk

承印者
中華商務彩色印刷有限公司
香港新界大埔汀麗路36號

出版日期
二零一九年九月第一次印刷

@明白小學堂2019
本書中文繁體版由北京青藤文化股份有限公司通過中信出版集團股份有限公司授權
萬里機構出版有限公司在香港澳門台灣地區獨家出版發行。